职业经理人
只做一件事

[日] 高木晴夫 著
王 方 译

中国科学技术出版社
·北 京·

PROFESSIONAL MANAGER NO SHIGOTO WA TATTA HITOTSU by Haruo Takagi / ISBN:978-4-7612-7464-1

Original Japanese title: PROFESSIONAL MANAGER NO SHIGOTO WA TATTA HITOTSU
Copyright © Haruo Takagi 2020
Original Japanese edition published by Kanki Publishing Inc.
Simplified Chinese translation rights arranged with Kanki Publishing Inc.
through The English Agency（Japan）Ltd. and Shanghai To-Asia Culture Co., Ltd.
北京市版权局著作权合同登记 图字：01-2020-7672。

图书在版编目（CIP）数据

职业经理人只做一件事 /（日）高木晴夫著；王方译. —北京：中国科学技术出版社，2021.6
　ISBN 978-7-5046-9029-6

　Ⅰ.①职… Ⅱ.①高…②王… Ⅲ.①企业领导学 Ⅳ.①F272.91

中国版本图书馆 CIP 数据核字（2021）第 071542 号

策划编辑	申永刚　赵　嵘　许云峰
责任编辑	申永刚
封面设计	马筱琨
版式设计	锋尚设计
责任校对	吕传新
责任印制	李晓霖

出　　版	中国科学技术出版社
发　　行	中国科学技术出版社有限公司发行部
地　　址	北京市海淀区中关村南大街 16 号
邮　　编	100081
发行电话	010-62173865
传　　真	010-62173081
网　　址	http://www.cspbooks.com.cn

开　　本	880mm×1230mm　1/32
字　　数	105 千字
印　　张	6
版　　次	2021 年 6 月第 1 版
印　　次	2021 年 6 月第 1 次印刷
印　　刷	北京顶佳世纪印刷有限公司
书　　号	ISBN 978-7-5046-9029-6/F·926
定　　价	59.00 元

（凡购买本社图书，如有缺页、倒页、脱页者，本社发行部负责调换）

前 言

"为什么一小部分经理人能够很轻松地调动下属和团队,达到既定的目标呢?"

"为什么有的经理人能够准确地判断周围的状况,做出正确的选择,从而带领团队不断地做出业绩呢?"

"如何才能成为一名优秀的经理人呢?"

我在商学院教授组织管理,即个人如何调动集体的知识。我的学生和公司中的商务人士经常会问我以上这些问题。

问这些问题的人当中,有很多都很苦恼:"是不是自己不适合当经理人呢?""是不是自己并没有管理方面的才能?"

他们中有很多人认为,优秀经理人拥有无与伦比的个人魅力,或者说拥有绝对优异的业务方面专业能力。

但是,这是一种过于偏颇的想法。的确,这些能力会起到很大作用,但是它们并不是成为一名优秀经理人的必要条件。

优秀的经理人在不断地实践管理中最重要的一件事是分配。社会中被称为经理人的有很多,但其中很多人并没有去做这件最重要的事。

在这里我们换个角度，让我们站在被管理的下属的立场上去思考。下属们或多或少都会有以下疑问和烦恼。

"我不明白自己为什么会被分配这项工作。"

"自己的工作对公司来说真的很有意义吗？"

"我的工作没能让我发挥出自己本来的能力。"

也就是说，他们是对**在公司里自己的工作和存在的价值**寻求答案。

经理人的本职工作就是通过分配适当的信息来解决下属们的这些疑问和烦恼。当下属们的疑问获得解答时，他们的工作意愿会切实增强，他们也会尽全力努力工作。

如此一来，经理人与下属们的日常交流会更加顺畅，下属们也能够带来符合上司预期的行动与成果。这是因为**分配适当的信息是组织顺利运作的根本原理**。这门知识我命名为**分配管理学**。

在公司工作的很多人面临的问题是自己还没有机会好好学习调动人和组织的基础知识就进入社会参加工作了。

读者朋友们通过阅读本书了解分配管理学，理解调动人和组织的基础知识，并且积极地付诸实践，就能使下属和团队拿出干劲，最终读者朋友们会看到自己所期待的行动与成果。

这门分配管理学对所有行业、部门、年龄层（新手或老手）都有效。此外，由于组织日趋扁平化，虽然有很多下属，但许多经理人必须像体育比赛的领队兼运动员一样身兼经理人与小组成员的角色。分配管理学对这类经理人也同样有帮助。

如果您想让自己的下属尽全力发挥能力，达成您自己的目标，从而胜任更大项目的管理工作，相信本书将会对您有所帮助。

高木晴夫

目 录

绪 论 经理人必备的管理技能

1 管理的"根本性的知识" 002
2 经理人一定要学习的分配管理学 009

第1讲 分配管理学的基础知识

1 正确理解分配管理学 020
2 公司的组织层级 024
3 管理工作的本质 027
4 信息才是关键的存在 030
5 分配给下属的5个重要信息 033
6 分配信息的目的 036
7 准确地分配决策 039
8 经理人应该捕获信息 041

第2讲 激发个人和团队工作动机

1 工作动机的形成机制 044
2 员工主动工作所需的4个认识 048

3　分配信息让下属形成正确的认识	050
4　科学分配工作的重要意义	054
5　有效分配信息可以降低成本	059
6　看清下属是具有棋手意识还是具有棋子意识	064
7　横向分配信息实现团队协同	067
8　合理分配信息实现团队共振	071

第3讲　经理人需要捕获信息

1　经理人要具有捕获信息的意识	076
2　捕获信息的6个渠道	080
3　分析并加工捕获的信息	085
4　捕获有效信息的秘诀	087

第4讲　提高经营专业能力

1　经理人应该掌握经营专业能力	092
2　提高经营专业能力的3种技能	096
3　经理人的职位决定经营专业能力的3种技能的比例	100
4　职业生涯中的不同季节	105
5　通过分配管理学了解自己	109
6　确认下属所处季节并有效应对	111

第5讲　探究人事部的职责及评价机制

1　人事部的职责所在	118

2	探究人事系统的全貌	122
3	探究人事部评价机制	125
4	人事部对什么样的人评价最高	128
5	分配管理学和人事评价的关系	131

第6讲 经理人如何应对职场的危机

1	注重危机时刻的管理	136
2	正确判断公司经营状态	139
3	公司陷入危机的两种情况	142
4	危机时应捕获和分配的重要信息	145
5	如何应对人际关系恶化的危机	148
6	经理人应乐观应对危机	153

第7讲 经理人应以变革为目标

1	公司应避免温水煮青蛙	160
2	公司需要变革时,经理人应如何做	163
3	感知公司僵化状态和危机的能力	165
4	员工为什么害怕变革,抵抗变革	168
5	一旦面临变革,经理人该如何行动	171
6	解冻——变革的前提	173
7	通过分配管理学来创新	176

| 结　语 | 180 |
| 重版感言 | 183 |

绪论

经理人必备的管理技能

1 管理的"根本性的知识"

■ 管理不能仅从经验中学习

首先,我想告诉大家:在当今这个时代,管理这一工作,完全按照自己的方式是做不好的。

在公司里的各项工作中,仅通过经验就能够学到东西的有很多。

但是,仅"从经验中学习"这一方法并不适用于管理这项工作。要做好这一工作必须系统地学习关于管理方面的知识。

初做管理工作的人之所以认为自己不需要系统学习就能够做好,大概是因为曾经自己一直在观察上司怎样去做。他会以自己的前上司为模仿对象,自认为"我明白该做什么,这些工作自己能够胜任"。又或者,他会将自己的前上司当作反面教材,"如果自己当了领导,绝对不会那样做"。

但是，仅仅观察一位或两位上司怎样去做，是不可能理解管理的，这点毋庸置疑。即使你在大公司工作，能够成为你的模仿对象的上司大概也只有几位。仅凭这点就能理解管理这一工作吗？很显然答案是否定的。

另外，由于你是站在下属的立场去观察，因此你会在带有个人主观感受的、狭小的范围内去考虑问题，例如："我喜欢/讨厌那种风格""那种风格适合/不适合我"等（见图1）。

但是，真正的管理，并不是依靠风格和喜好等的主观性的工作。

在管理的世界里，存在无论对任何组织、部门、下属都通用的"根本性的知识"。如果学习这些知识并且付诸实践，

> B上司的做法有些太落伍了吧。

> 模仿A上司的话，应该可以吧。

如果仅以身边的几位上司为模仿对象的话，就会形成"适合/不适合"的主观认识，或者只能从下属的立场考虑问题。

图1　仅从经验中学习会让你变得很主观

任何人都能够成为优秀的经理人。

而且，管理这项工作是规模较大的综合性工作。要说困难是真的很困难，但是我认为它值得我们花费一生时间去学习。

了解成为一名优秀经理人的方法和道路，趁还年轻去学习成为真正管理者的知识，这就是我决定写此书的最重要的理由。

上文提到过管理这一工作有"根本性的知识"。为了让大家高效地学习这些知识，本书将重点围绕即便刚成为经理人的你也能学会并付诸实践的内容进行介绍。

关于管理，本书从以下3个方面将相关知识集中汇总。

①管理这一工作的基础是什么？

②管理这一工作的难点在哪里？

③要想提升管理效果，什么技巧最重要？

①～③可以说是管理这项工作所必需的、被称为"工具"性质的知识。

大家通过阅读本书，将基础性的"工具"拿到手之后，在日常的管理工作中就能充分进行实际应用。

"工具"只有人们亲自使用后才能熟悉。而且，任何"工具"都只有人们亲自使用，下足功夫钻研，它才具有生命力。大家通过本书学到知识，再加上自己的努力实践，一定能够真正掌握优秀的管理技巧。**本书主要介绍的分配管理学，是一个经过千锤百炼散发出耀眼光芒的"工具"。**

> 要点　对所有组织、部门、下属都通用的管理知识是存在的。

■ 管理的有效沟通

在一开始，有件重要的事情我要告诉大家。那就是关于管理中沟通（communication）的定位。

关于沟通，大家常常这样说。

"管理中最重要的就是沟通。"

"最难的也是沟通。"

"所以说，沟通太难了。"

我认为的确如此。

沟通是人与人之间维持联系，生存下去的最重要的东西。在管理中，这一要素也是不可或缺的。

如果你自认为自己的沟通能力很弱的话，那么在公司中要想获得高职位，就必须将它作为一项技能去学习和掌握，并且不断进行实践和锻炼。

反之,如果你自认为自己的沟通能力很强的话,又会怎么样呢?可以说,这会让你在组织生活中非常有利。

可是,管理这项工作,不仅需要调整个人和个人之间的联系,个人和公司、公司和公司之间的联系也需要随时进行调整。

因此,如果你仅仅是在个人层面上沟通能力很强的话,那么它在管理工作中也并不适用。

管理中的沟通究竟是什么?

沟通(communication)这个英语单词一般情况下被翻译为"意见的沟通、对话"等,它的动词形式"communicate"有"感染"的意思。比如说,我们的感冒其实是病毒被分配给人后引起的感染。

虽然后来沟通这个词演变为现在的"意见的沟通、对话"等意思,但原本这个词不仅指的是交换语言,还指"把某些东西分配给对方"。

这里讲的是分配和沟通更深层次的相关性的含义(见图2)。

这样一来,我对之前那个问题便有了答案。公司中所需要的沟通,我们最好从"把某些东西分配给对方"这个意义上去考虑。只有这样,我们才能对沟通有正确的认识。

究其原因是管理中的沟通,远远超出了传达信息的层

communicate= 感染

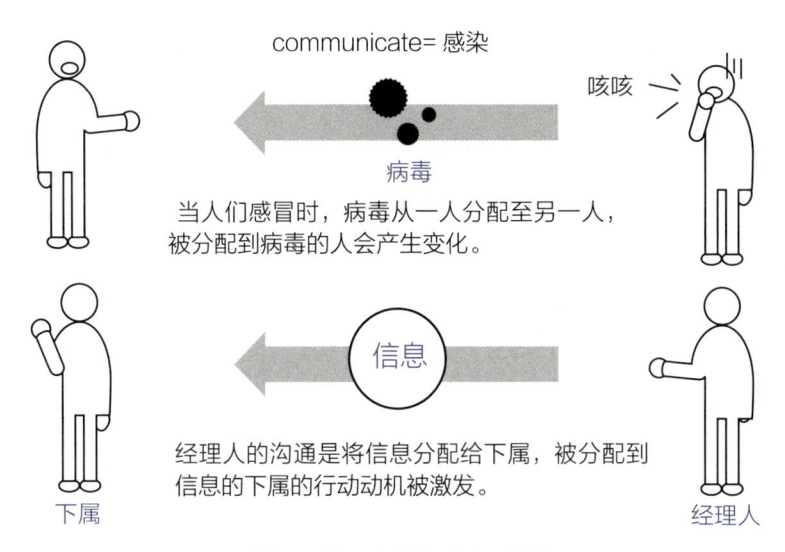

咳咳

病毒

当人们感冒时，病毒从一人分配至另一人，被分配到病毒的人会产生变化。

信息

经理人的沟通是将信息分配给下属，被分配到信息的下属的行动动机被激发。

下属　　　　　　　　　　　　　　　　经理人

图2　分配和沟通的相关性

面，**它需要产生调动人（即促使人去行动）的效果**。这就如同我们分配的是行动所需的能量。

也就是说，管理中的沟通是要求能够调动人的。

要点　管理中的沟通，不仅是分配信息，还包括分配使人行动的动机。

身为经理人的你是否认为如果自己能够频繁和下属对话，沟通顺畅，下属就会带着好心情工作，你的管理就能够顺利开展。

实际上并没有这么简单。有的时候反而是越对话，鸿沟越深。虽然你多次指示下属，但下属就是不行动，想必这种情况并不罕见。

沟通本来就很复杂困难。有的处理方法，有时会成为巨大伤害的根源。

因此，管理中的沟通不仅需要考虑你个人的利害关系，还**必须考虑到与公司内部其他部门的协调、与公司外部的谈判交涉，并且必须了解公司整体的目标**。在此基础上，要求你具备在准确理解公司交给自己部门的课题的定位以及目标后，将它们简明易懂地传达给下属的能力，并且你的传达能够激发下属去行动。

经理人的工作就是让下属为了达成目标去行动。要想调动下属，在这一阶段前，经理人自身必须有相应的思考和行动的过程。**自己在行动中获得的认知和考量，要通过沟通这一手段传达给下属，并且激发下属为了达成目标而去行动。**

因此，我们应该认识到沟通只是为此而采用的方法。

> **要点** 在下属行动之前，上司必须先思考、行动。

2 经理人一定要学习的分配管理学

■ 分配是管理的本质

要想做好管理中如此重要且困难的沟通,经理人需要怎么做呢?

我认为答案是分配管理学。

我在前面曾讲过,在管理的世界里,存在无论对于任何组织、部门、下属都通用的"根本性的知识"。这些知识的内容用一句话来概括,那就是经理人若能认真观察周围的情况,揣测人们的心情,**分配能够促使人们去行动(即调动人)的信息,管理工作的质量就能够提高。**

说到这里,我想大家仍没有完全领会吧。现在还未进入第1讲,这完全没有关系。也正因为大家没有完全领会,大家学习本书才更有意义。大家如果能够理解分配这个词的意思并付诸实践，那么在所有的管理工作中，都能够毫不费力地完成好每一项工作。因为分配是管理的本质。

"管理（management）"这个词的意思是经营和管理。因此，**经理人（manager）就是经营者、管理者**。经理人即便处于一个巨大组织的基层，他也还是一个部门的经营者和管理者。

因此，经理人承担达成部门目标的责任。他的职责就是和现有的下属一起达成这一目标。

为了达成这一目标，经理人也要对下属进行指导和培养。经理人要想大家主动去完成工作，就要激发下属工作的动机。这些都能够**产生调动人（即促使人去行动）的效果**，而且**能够在分配管理学的实践当中实现**。

> **要点** 经理人通过分配能够调动下属的信息提高管理的质量。

■ 管理最主要的4项工作

多年来，我在商学院教授工商管理硕士（MBA）课程。

工商管理硕士班级是利用经营案例研究法学习实践的场所。经营案例研究法是一种教育方法，它以某种状况，即案例为题材，让人们通过讨论学习最优的应对方法。选取的案例，既有公司经营活动中实际发生的事例，也有设想中的今后有可能发生的事例。

管理是自己主动思考、判断形势、做出决定的一系列行为。人在做出决定前，需要有信息整理、思考的过程。在商学院的课堂上，学生们独立思考得出自己的结论，并且为论证它而发言。为了让大家感受一下商学院的上课形式，在这里我会向大家提出4个关于管理工作的问题，请大家思考。

那么，我们来看第一个问题。说起管理最主要的工作，想必大家的脑海中会浮现以下4项：

①部门目标的达成。

②给下属分配工作。

③下属的培养。

④激发下属的工作动机。

①～④中的每一项都很重要，那么其中最重要的工作是哪一项呢？

如果你关于"组织是什么？""你是出于什么理由归属于组织？"这两点得不出结论的话，我想你就无法对"最重要的工作是哪一项"这个问题做出回答。

下面是第2个问题。身为经理人的你，是如何做出决定去分配下属所负责的工作呢？

具体地说，作为经理人，你是以什么为标准来给下属分配工作呢？你的分配是否正确？你的下属有没有认同你的分配并很好地完成工作呢？

接下来是第3个问题。在下属的培养方面，经理人最重要的事情是什么？

热情细致地教育下属，究竟是不是正确的呢？又或者让下属接受严酷的考验更好呢？

最后是第4个问题。为了激发下属的工作动机，经理人应该如何做呢？

要想回答以上4个问题，就必须知道人的动机究竟是在什么样的机制中得到激发的。经理人如果不明白这点，就无法保持下属的强烈的工作动机，最终部门的目标也自然无法达成。

让下属有强烈的工作动机并且主动去做工作，是上司应该承担的重要工作。可是，令人感到意外的是，在管理这项工作中，这一点往往被上司轻视。有不少上司从来不去为激发下属的工作动机而努力，反而采用严格的评价机制强迫下属去工作。

管理学中有激发下属工作动机的正确方法。大家是否有好好地学习过呢？我想很多人都是以自己的前上司为模仿对象边摸索边工作，或者是按照自己的方式在做管理工作吧。

本书从第1讲到第3讲详细讲述了激发下属工作动机的方法。

前面提到的第1个问题到第4个问题，大家是否已经准备好了自己的答案呢？请大家在阅读本书的过程中一一确认关于这4个问题的正确答案。

> **要点** 经理人只有充分理解动机的形成机制，才能激发和保持下属的工作动机，从而促使部门目标达成。

■ 与下属维持良好关系

本书主要写了作为上司正确管理下属，同时维持与下属间良好关系的方法。

不过，**身为经理人的你要对自己的职业发展进行思考，这与花费精力管理下属同样重要**。关于这点本书将在第4讲进行详细讲解。

说起来，你的上面还有上司，而且上司的上面也有上司。你该如何做才能从自己的上司那里获得好评，从而使自己的职业得到良好发展呢？了解这点对你非常重要。

如果你将完成既定目标当作理所当然，认为只要受上司赏识就好，那其实这一点对你的职业发展来说完全不够。要想使自己的职业得到发展，**不能只在意你的上司的评价**。你还需要通过学习分配管理学培养自己的经营专业能力的3个技能。关于经营专业能力的详细内容将在第4讲中介绍。

还有一件重要的事，那就是**对你进行评价的公司内部的"眼睛"人事部的存在**。从人事部的角度来看，什么样的人才会得到好评？你如何进行管理，才会成为人事部评价的对象？说起来，人事部具体做哪些工作，又如何进行人员配置呢？这些你都深入地了解过吗？

这些也是身为经理人的你必须意识到的关键点。关于人事部及其评价机制这些经理人应该了解的内容，将在第5讲中详细介绍。

> **要点** 经理人的职业发展的法则就是清楚地了解人事部及其评价机制。

■ 危机时刻的管理

在学习管理的基础后，还有一项内容是你必须理解掌握的。那就是危机时刻的管理。当公司处于危机状态时，经理人的处事方法，在很多管理学入门书中并没有提到。

但是，众所周知，像金融危机、自然灾害、国内外的政治纷争、传染病疫情等动摇公司经营的各种危机随时都可能发生。此外，还有产品事故引发的召回、经营上的丑闻等经营层面的责任问题也时不时地出现。

也就是说，公司经营活动总是与危机相伴。因此，作为经理人，有必要理解危机是什么，并在此基础上掌握在公司中经理人应该做的事情。

刚才说的是公司整体层面的大危机，还有局部层面的小危机。你工作的分公司、工厂、营业场所陷入了危机，或者你工作的一些岗位、部门陷入危机就是例子。这种小危机也包括人际关系恶化的人祸。

另外，危机的防范和提前察觉对经理人也很重要。因此，经理人还需要学习一些指标和要素，这些指标能反映出公司陷入危机的前兆。

领导他人的经理人遇到危机时，应该知道如何应对。这一点将在第6讲中说明。

> **要点** 很多管理学入门书中没有提到的危机时刻的管理很重要。

经理人即使没有遇到像前面提到的自然灾害那样的大危机的时候，也有意识到公司状态很危险的时候。这时，作为经理人的你采取怎样的行动就变得很重要。请你试着回答下面的问题。

拜访客户的时候，你被问道："你们公司还好吗？新商品的评价很差，业界都在传你们公司快要破产了。"

近几年，公司内部确实面临着商品开发能力低下的难题，可是让你没想到的是业界竟然出现了自己公司破产的传言。但是，你回到公司后发现工作像往常一样正在进行。**你会怎么办？**

非常遗憾的是，你因为某种原因知道了自己公司经营状况不好的评价，实际上这种不好的评价直击要害，自己公司的情况正在逐渐变得更糟。

但是，你还有被分配好的业务要做，如果你做完就仍然能像以前一样拿到工资。

许多员工也知道了公司的状况并不好。虽然奖金在一点点减少，但还是能按季度发出。

所以，虽说公司状况不好但没什么大事，员工还是比较安心的，公司内部也没有出现变革的声音。即便如此，当你在外面听到公司破产的传言时，你的内心还是无法平静。

如果你继续保持沉默的话，公司或许会真的破产。作为经理人的你，应该对悄然而至的危机采取什么样的行动呢？

这部分内容也属于管理的范畴，将在第7讲中讲解。

"管理"说起来是一个简单的词，但它以真情实感的形式，向我们传达了在各种各样的状况下经理人必须选择恰当的行动这一内容。例如，想要达成给定目标的时候，必须激发下属的工作动机的时候，公司面临危机的时候，公司需要变革的时候，**经理人需要做出的选择就是对本书所介绍的分配管理学进行实践**。这就是"根本性的知识"。

经理人选择适当的行动来达成自己和下属的目标，从而获得公司的认可，并且成长为能适应各种变化的优秀人才，打破公司的僵化状态，在脱胎换骨后的公司中发挥自身的能力。

请通过本书学习管理的本质和作为经理人的人生路标。我想本书中所讲的分配管理学一定能让你成长为优秀的经理人（见图3）。

> ① 取得超过给定目标的成果。
> ② 激发下属的工作动机。
> ③ 促进经理人自身的职业发展。
> ④ 面对自然灾害等危机时有效应对。
> ⑤ 对公司的僵化状态进行根本性变革。

图3　分配管理学的主要效果

写本书的时候，我花了3个月的时间做了7次特别的讲座。可以说是为了总结本书才举办的特别讲座。而且讲座的地点是我平时上工商管理硕士课的教室，我邀请了数十名学生参加。讲座每次两小时，分为讲课和答疑，讲课时我和学生的讨论很激烈，经常会超出讲课时长。

接下来，我们开始详细谈谈关于管理的话题。我希望读者们能以与坐在教室里听讲座的学生同样的心态去阅读本书。

要点　分配管理学将成为解决公司危机和进行变革的对策。

第1讲 分配管理学的基础知识

1 正确理解分配管理学

本书是面向初次拥有下属或是拥有下属数年左右的年轻经理人。他们大概是进入公司10年的中坚员工，年龄在30~35岁。

你一旦成为经理人，在凭借自己的能力完成工作的同时，就会被公司寄予厚望。**公司期望你能带着下属一起工作，实际上这是你必须做到的事情。**

当你有了下属后，管理这个词就会变得突然离你很近。

简单地说，所谓管理就是调动上司和下属的方法。到了30~35岁的时候，你就必须直面管理这一问题，并付诸实际行动。

我在大学商学院教授社会人士组织管理，让学生们明白管理到底为什么是我的重要工作之一。

虽说如此，无论大家是否了解管理，当大家在工作中拥有下属时，就肯定要实践管理学。

因此，在组织管理这门课上，大家边试错边想尽各种办法做管理。关于这些内容我整理如下：

·公司这个组织正在做什么事情？

·有下属的各位必须在公司里做些什么？

关于这两点我会进行具体讲解，希望大家能学到管理的方法。

本书从第1讲到第7讲的7个部分详细讲述我所认为的正确的管理方法分配管理学的构成要素。

首先，我引用分配这个词是有理由的。那是因为分配这个词恰好符合管理的本质。

公司的工作和分配是非常紧密地联系在一起的，如果大家按照分配的想法行动的话，管理的工作就会非常顺利。

不过，现在大家对分配这个词还不太清楚，在此向大家提个小问题。

在远古的冰河期，当人类想要一起去狩猎猛犸象的时候，领导进行了分配管理。听了这件事，大家能想到什么呢？好，有请佐佐木同学回答。

佐佐木说："冰河期的人类的领导对每个人的工作进行了分配。

"A和B负责向猛犸象投掷长矛，C和D负责从后面追赶猛犸象，E和F负责在前面吸引猛犸象的注意力。最终，猛犸象被成功地打死了。于是，领导把肉分给大家。

"领导下达狩猎的指示，杀死猎物后决定每个人应得的肉的份额。领导分配了每个人的角色，分配了每个人应得份额的报酬，所以我想这大概就是分配管理学吧（见图1-1）。"

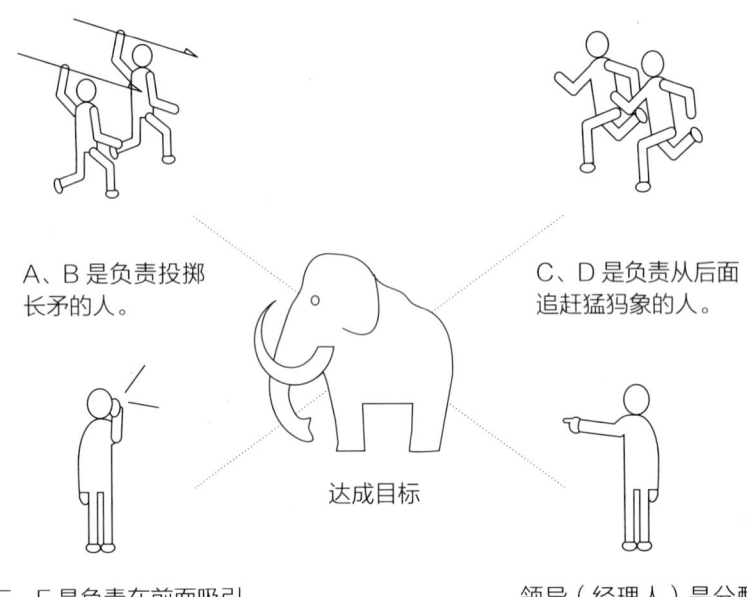

A、B是负责投掷长矛的人。

C、D是负责从后面追赶猛犸象的人。

达成目标

E、F是负责在前面吸引猛犸象的注意力的人。

领导（经理人）是分配指示、角色、信息的人。

图1-1　狩猎猛犸象中的分配管理学

"原来如此。你对分配有着正确的看法呢。

在冰河期的原始社会,组织的形式是极其简单的。例如在狩猎猛犸象这样的活动当中,有进行管理的人,他对很多东西进行了分配。不过,他不仅分配了你们所说的角色和应得份额,他还分配了更多的东西。

在和猛犸象开始战斗之前,他分配了各种指示,比如'你先去监视猛犸象''你看到猛犸象后立刻通知我们''你们检查一下长矛等装备'等,他还向组织成员分配状况信息,比如'现在猛犸象在哪个位置'等。"

我想这个关于狩猎猛犸象的比喻,对大家理解本书的主题——分配管理学是很有帮助的。那么,管理究竟是分配什么?接下来,我会讲到。

> **要点** 在分配管理学中,经理人不仅分配信息,还分配指示、人员等。

2 公司的组织层级

首先,大家需要了解作为分配场合的公司这个组织的现状。

在公司中有被称为管理的工作,这是理所当然的事情。而且在公司里有只做管理的经理人,也有管理和现场工作两者兼做的经理人兼小组成员。

最近,经理人兼小组成员这种类型的人越来越多,只做管理的经理人这种类型正在成为过去式。如果经理人不是站在公司内部很高的位置上,那么他就不会只做管理。

实际上,经理人兼小组成员会让经理人的管理工作变得很辛苦。

为什么这么说呢?因为经理人兼小组成员既要作为小组成员(player)负责实际业务,又要管理下属。因此,经理人兼小组成员很忙,有时很难对下属进行细致有效的指导。

前面提到的30~35岁的年轻经理人，大部分都是经理人兼小组成员。

只做管理的经理人这种类型消失是有原因的。那是因为公司这个组织的层级数目减少了。

日本公司的职务有很多层级。一般来说，最下面的是主任（大致相当于中国公司中的资深员工），然后是系长（大致相当于中国公司中的主管）、课长代理、课长（大致相当于中国公司中的科长）、次长、部长代理、部长（大致相当于中国公司中的总监）、本部长、监事、常务董事、专务董事、社长、会长。但是最近的公司经营，将如此多的职务进行了调整，减少了层级数目，公司的金字塔变得较扁了。

这样做的结果是变成了一个上司手下拥有很多下属的格局。但是，即使公司层级变少，整体的实际工作量也不会改变。那么，一个经理人兼小组成员所负责的工作量必然会增加。而且，经理人兼小组成员作为小组成员必须负责的工作也必然增加。

分配管理学对那些忙碌的经理人兼小组成员来说尤其有用。

顺便一提，从公司的组织层级结构来说，经理人大致分为3层。

在最下面的是主任和系长级别的基层经理人,他们的工作中一般不包含对下属的人事考核。上面是课长级别的**中层经理人**,他们中大部分人的工作中都包含对下属的人事考核。然后,再上面是部长和董事级别的**高层经理人**,当然,他们的工作中也包含对下属的人事考核。

说到经理人,一般被认为是指中层经理人和高层经理人。不过,在基层经理人中,也有很多人拥有下属并从事管理工作。而且,这些基层经理人和中层经理人中的很多人已经成为经理人兼小组成员,我想本书的大多数读者都是他们。

> **要点** 经理人大致分为3层,分配管理学是对其中的经理人兼小组成员特别有用的方法。

3 管理工作的本质

大家要想理解分配管理学，就必须回答出"原本经理人的工作是什么？"这个问题。大家想要回答这个问题，首先需要拥有对组织定义的正确认识。请看图1-2。

所谓公司是指具有目标、工作的人们、结构和制度3个要素的组织。不仅仅是公司，学校、医院、政府、非营利组织、宗教组织等组织也是如此。

在公司工作的大家就是工作的人们。你会负责某项工作，它是将大家所属的公司的大工作分割后进行细化，最终分配到个人的工作。公司的工作通过分工才能完成。

每个人的工作一定都有自己对应的目标，这个目标是将公司的大目标分割细化到个人的部分目标。个人为了达成部分目标会和周围的人进行合作，互相帮助来完成每天的工作。

组织
不仅有公司，也包括学校、医院、政府、非营利组织、宗教组织等。

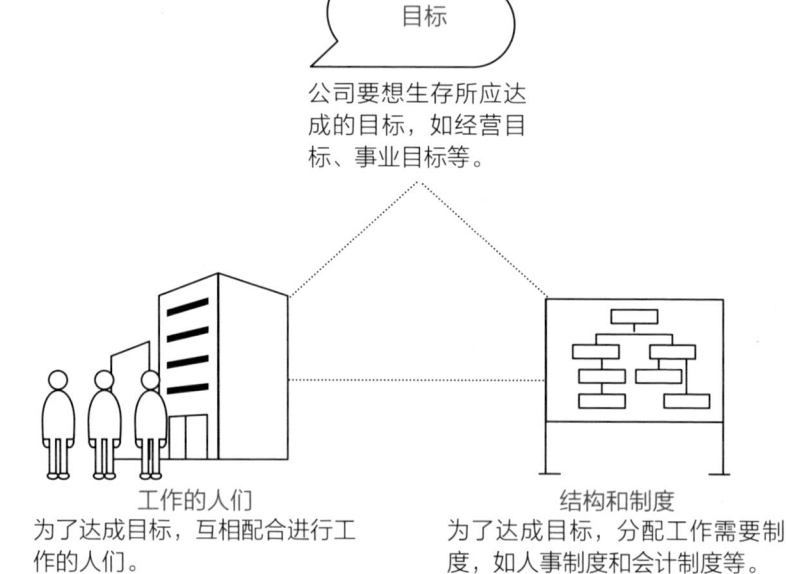

目标
公司要想生存所应达成的目标，如经营目标、事业目标等。

工作的人们
为了达成目标，互相配合进行工作的人们。

结构和制度
为了达成目标，分配工作需要制度，如人事制度和会计制度等。

图1-2　组织具有的3个要素

那么，回答刚才的问题，管理的工作就是经理人把握并判断状况，调整并协调工作，和下属一起达成所负责工作的目标。

关于这个回答，我将按顺序详细说明。

首先，作为上司，**必须时刻尽可能准确地把握并判断现在的状况**。而且，现在的状况也未必单纯，甚至有时会非常复杂。例如，某案例涉及的相关人员人数相当多、关联的范围涉及公司内外等，很多时候人们会面临很复杂的状况。

其次，调整并协调工作指的是公司里的工作必须和自己的上司、同事、下属等公司里的各种各样的人一起磨合，一起完成。也就是说，作为上司，为了让自己负责的工作和直属下属的工作顺利进行，就**必须时刻关注公司里级别比自己高的人、和自己平级的人以及级别比自己低的人所负责的工作，并每天对自己负责的工作和直属下属的工作进行调整**。

最后，达成目标指的是上司必须和下属一起工作，达成自己设定的或公司设定的目标。

> **要点** 所谓管理就是经理人把握并判断状况，调整并协调工作，和下属一起达成所负责工作的目标。

4 信息才是关键的存在

前文提到过什么是组织和管理,上司做好管理的重点完全集中在分配这个词上。关于分配这个词,我现在开始详细说明。

公司是由人、物、钱、信息这4种经营资源构成的。这些经营资源在公司中移动着。举个例子,人有人事变动,物品的配置也会改变。当然大家也知道金钱在公司内部流动。而且信息也从人到人,从一个部门移动到另一个部门。所以**可以说公司里没有不移动的**经营资源。所谓经营资源移动当然是因为存在使其移动的人。让经营资源移动起来的人所做的让其移动的行为,我命名为分配。

所谓管理是经理人将人、物、钱、信息这4种经营资源分配给以下属为中心的周围人的重复工作。

话虽如此,不过本书是为年轻经理人而写的,因此本书最重视的是分配信息。因为通常来说，在这4种经营资源中，年轻经理人分配的大部分资源都是信息。

主任、系长、课长代理等直接从事现场工作的经理人，也有很多没有人事考核权。这些经理人主要分配的东西是信息和资金（预算等）。

如果有人轻视信息那就糟了。因为在管理中信息才是经理人掌握所有关键的存在。关于这点，我想大家在看书的过程中会有切身的体会。

公司中的信息涉及各种各样的内容。

经理人把握好整个公司状况的同时，在与各部门和每个人进行协调工作的过程中，保持对信息的敏感度是非常重要的。

例如，在公司的整体层面上，存在着以下各种各样的信息。

· 市场和竞争情况如何？

· 公司正在向哪个方向发展？

· 商品是怎样的状况？

· 如何进行创新（革新公司的新举措）？

· 公司体制和制度如何？

· 公司内工作的完成情况是怎样的？

・公司的员工是什么情况？

・公司内部的每一项工作如何开展？

经理人分配信息的对象不仅包括下属，也包括自己的上司、同级别的其他部门的同事等所有和自己工作有关的人。

> **要点** 所谓管理就是经理人将人、物、钱、信息这4种经营资源分配给以下属为中心的周围人的重复工作。

5 分配给下属的5个重要信息

经理人分配给下属的信息具体是什么？下属达成目标所必需的信息有以下5个（见图1-3）。

第1个是**状况信息**，是关于公司是什么样的状况的信息，

①状况信息：公司在市场上的地位和现在的业绩、竞争的状况等。
②方向性信息：公司整体或者所属部门的发展方向和目标等。
③关于评价的信息：从上司到下属、从顾客到公司等评价的详细信息。
④单项业务信息：现场工作的业务规则、方法和手续是怎样的等信息。
⑤心情信息：经理人在感情方面应共享的信息。

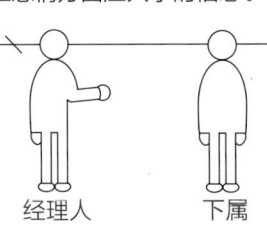

图1-3 经理人分配给下属的5个重要的信息

包含公司在市场上的地位和现在的业绩、竞争的状况或者合并和合作等信息。

第2个是方向性信息，是关于公司整体或者自己的部门朝哪个方向发展和发展目标的信息。

第3个是关于评价的信息，是关于"如何被评价"的全面信息，例如，作为上司的你的评价，和客人接触后客人是怎么评价的。

第4个是单项业务信息，是关于现场工作的每项业务的信息，例如，现场工作的业务规则、方法和手续是怎样的。如果是制造业，比如零部件和材料等该如何处理等现场工作的相关信息就属于此类信息。

第5个是心情信息。它和前面讲述的4个信息有所不同，但是它非常重要。说心情是信息，可能有些人还是有点不明白，但是它确实是信息。关于心情，下面我进一步说明。

人本来就是有感情的动物，经理人也是普通人，他也一定会有自己的心情，如高兴、悲伤、忧愁、孤独、喜欢、讨厌、慌张、沉重等。因此，经理人在管理中必须对自己的心情进行很好的分配。在心情分配中，经理人是分配人，如果经理人不注意的话，自己的心情就会发散。简单地说，就是经理人的心情在不受控制的状态下传达给下属。比如早上下属对上司问候说道:"早上好,今天也很热啊!"可是上司却因在炎热的天气里做着紧急的工作而焦躁不安,胡乱应付了一句"真闷热!"这可以解释为经理人在和下属接触的时候,没有分配自己的心情的意识,但却让自己的心情发散了出去。经理人这种控制无效的心情传达会引起下属意料之外的反应。比如,在前面提到的例子中,下属好不容易心情很好地打算开始当天的工作,但是上司焦躁心情的传达让下属的工作出现了障碍。

因此,经理人如果对分配心情没有细致周到地考虑,就不能很好地传达自己的心情信息,从而会遇到和下属关系变得很奇怪的危机。

当经理人传达心情信息时,哪些心情该分配,哪些心情该发散,这很难区分。有时在别人看来是发散心情,而经理人本人其实在分配。

人无法完美地控制好自己的心情。但是,我们能考虑和顾及别人的感受。也许有人会误以为表露心情也是一种管理,但请大家注意这是不对的。你可以不做圣人君子,但经理人要在用心照顾别人感受的基础上去分配心情。

> **要点** 经理人分配给下属的信息有状况信息、方向性信息、关于评价的信息、单项业务信息、心情信息5种。

6 分配信息的目的

经理人分配信息的最大目的是希望下属为达成经理人的目标而努力。在经理人达成自己目标的过程中,下属的协助是必不可少的。

那么经理人必须通过怎样的措辞引导下属为达成目标而行动呢?

引导这个词在管理领域用**激发动机**这个词来表示。为了激发动机,为了让下属的心理聚焦到特定的行动上,经理人有必要给他准备理由。

激发动机的方法有以下两种。

①**让他体验做某项工作得到反应的良性循环。**

②**让他认识到某项工作处于什么状况下,具有什么意义。**

①是下属通过得到反应增加了对工作的自信,更加主动地面对工作,对达成目标的意愿也会增强(见图1-4)。

反应

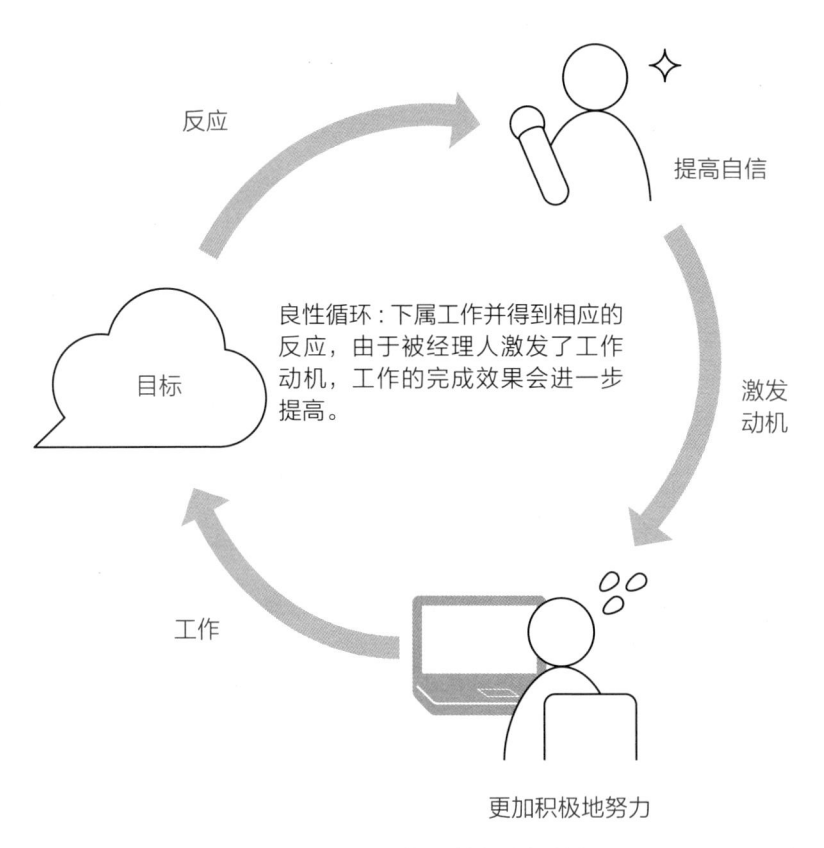

提高自信

良性循环：下属工作并得到相应的反应，由于被经理人激发了工作动机，工作的完成效果会进一步提高。

目标

激发动机

工作

更加积极地努力

图1-4　工作的反应和激发动机的循环

②是与其不明白所做的工作的意义就去完成，还不如让下属了解该工作在公司和部门中的意义，经理人这样做更能让下属积极地去工作，能够增强下属达成目标的意愿。

我想大家已经明白了，**经理人是为了什么而分配信息，是为了激发下属的工作动机**。所以，如果经理人分配信息后，下属的工作动机受到打击，那就本末倒置了，作为经理人也是不合格的。经理人分配信息后，必须使下属的工作动机得到激发，让下属积极主动达成经理人的目标。

关于激发下属的工作动机的方法，这里不深入讲解，将在第2讲中详细讲述。

> **要点** 下属的工作动机是通过得到工作的反应和了解工作的意义的方法来激发的。

7 准确地分配决策

经理人要想正确地分配，除了激发下属的工作动机以外，还**有必要准确地对决策进行分配**。

决策是指经理人为了达成目标做出决定，并付诸行动。

一提到决策，似乎有人认为这是只适用于高层经理人的词语，但**实际上这个词也适用于年轻经理人**。即使是基层经理人，也有很多场合需要做出决定，并按照决定去付诸行动。

经理人在考虑如何管理部门时，决策是一个非常重要的活动。

但是，**即使经理人做了决策，如果不能将自己的决定正确地传达给下属的话，部门也不会按照自己决策的那样运转**。所以经理人在做了决策之后，必须把它准确地分配给下属。

经理人在做决策的时候，下面5步必不可少。

①了解状况如何。

②确定方向。

③对每件事进行评价。

④判断如何进行每个活动。

⑤认识自己的心情如何。

但是，经理人在做①~⑤之前需要获取必要的信息。

经理人如果不获得必要的信息，①中的状况就无法判断；②中的方向也不能确定；③中的评价也无法进行。而且⑤中认识自己的心情也必须以获取必要的信息的感觉来进行。经理人如果不带着获取必要的信息的感觉去做的话，自己的心情是无法把握的。

所谓分配管理学，就是经理人像这样获取必要的信息做出决策，然后将决策分配给下属。

> **要点** 获取做出决策所必需的信息和分配决策也是经理人的工作之一。

8 经理人应该捕获信息

之前已经讲过了分配的含义，现在我谈谈**如何获取分配所需要的信息**。

经理人为了把信息分配给自己的下属，必须从自己所在地方以外的地方获取信息，这叫作**捕获信息**。这个行为和分配一样，对经理人来说是非常重要的工作。

关于经理人捕获信息的方法将在第3讲中详细说明。经理人捕获来的信息中既有各种各样的评价，又有公司期望的目标等。

既然要捕获信息，那么经理人如果没有做出决定捕获怎样的信息，则无法捕获到信息。当然，经理人也不能把捕获到的所有信息都分配给下属。经理人需要决定**把哪些信息分配给下属**。

像这样获取必要的信息并分配信息的一系列行为，经理

人的决定是前提。

另外，经理人作为上司也可以鼓励下属去获取想要的信息以此来提高下属的主动性。

如果上司把自己努力捕获回来的信息分配给下属，下属就会认为分配给自己信息的上司是给自己宝贵信息的好人。这种做法能提高下属对上司的向心力。

也就是说，**好的上司是捕获信息并给下属分配信息的经理人**。

> **要点** 经理人根据自己的决定进行信息的取舍。

第 2 讲 激发个人和团队工作动机

1 工作动机的形成机制

经理人至少有一个下属一起工作。经理人要活用自己的下属来达成自己的目标。因此，**重要的是下属的工作动机形成**。让下属有干劲，让他们有主动性地工作，对经理人来说是很重要的工作。

我在经理人兼小组成员中经常能看到不太重视这个工作的人。比如，有些人会因为过于投入自己所负责的工作而无法激发下属的工作动机，并且这些人还会认为下属没有干劲很可笑，产生了将缺乏工作主动性的下属视为排挤对象的倾向。

我想这样的经理人如果读了第2讲的内容，他的意识一定会改变的。我认为激发下属的工作动机是上司必须承担的重要工作。

之所以这么说，是因为**正是下属的工作才决定了经理人**

的工作成果。

经理人的目标能否达成完全取决于下属的行动，所以对经理人来说，激发下属的工作动机是优先级别很高的工作，作为经理人最好要认识到这点。

那么，绪论中提到的管理的4项工作，即①部门目标的达成，②给下属分配工作，③下属的培养，④激发下属的工作动机中，最重要的工作是哪项呢？这个问题的答案是④激发下属的工作动机。

经理人的工作是从给现有的下属分配工作开始的，所以在给下属分配工作之前就必须让下属有很强烈的工作动机。

工作动机强烈的下属能从工作中学习新事物，高质量地完成工作，达成部门的目标。

那么怎样做才能激发下属的工作动机呢？这对研究组织和人类行为的我来说，是重要的课题之一。

工作动机形成的机制很简单。假设有个叫A的公司员工，A只要对自己的工作进行某种推动，就能从工作中得到反应。只要保证这个条件始终存在，A就会保持强烈的工作动机。也就是说，如果推动工作的结果是成功的，A就会得到正面反应，A的工作动机也会被激发。相反，如果推动工作失败了，A就会得到负面反应，A的工作动机就会暂时受到打击。在上述过程后，**通过反省和改善做法，A的工作动机会再次被激发。**

试着用某种做法推动工作，如果成功了，员工就会得到正面反应，这种工作的做法也会收到回报，那么以后员工也会继续这个做法。这就是员工工作动机被激发的状态。员工如果以其他的做法推动工作失败了，员工就会得到负面反应，不想要再继续了。此时员工的工作动机受到打击。但是，既然工作了，要做的事情也总是存在的。那么怎么办呢？从失败中学习，改善做法。然后员工的工作动机就会再次被激发。

因此，**不管反应是正面的还是负面的，只要"推动工作→反应→推动工作→反应……"这个循环存在，员工的工作动机就会被激发。**

让我们假设实际职场中的场景来说明这一点。

比如，假设你在营业活动中去向客人推荐商品（即推动工作），如果顾客很高兴地买了，你就得到了正面反应，你的工作动机就会被激发，之后也想继续推荐商品。但是，如果推荐了商品（即推动工作）却被顾客拒绝，你就得到了负面反应，你的工作动机就会受到打击。之后你会试着找出被拒绝的原因，进行验证再想办法改善自己的做法。这样一来，你的工作动机就会再次被激发。

再比如，假设你向上司提议了一个企划（即推动工作），上司采用了，你就得到了正面反应。这样一来，你就会有工作动机想再提议什么。相反，如果你的企划不被采用你就得到了负面反应，你肯定想向上司询问理由，找出原因，改善企划。这时你的工作动机再次被激发。

除此之外，还有在会议上做报告，做调查，查资料……**不管是什么工作，只要有推动工作和反应的循环，人的工作动机就会被激发**。没有这个循环的时候，人就会失去工作动机。因此，经理人在考虑激发下属的工作动机时，首先要基于这个重要的前提。

> **要点** 工作动机由推动工作和反应的循环激发。

2 员工主动工作所需的 4 个认识

前文讲解的循环激发动机虽然很简单,但是这里需要加入一个重要的要素,那就是认识这个要素。

员工在进行"推动工作→反应→推动工作→反应……"这个循环的时候,会面临以下4个问题,并且想要理解和解答它们。

①为什么我要负责这项工作?
②这项工作现在处于什么状况,它具有什么意义?
③我的这项工作受到了什么样的评价?
④对于我,上司是怎么想的?

因此,员工工作需要认识以上4个问题。这既适用于作为上司的你自己,也适用于你的下属。也就是说,你的下属每天都在你这个上司的领导下工作的同时,会对这4个问题产生自己的认识。

员工都是不断认识自己和自己周围的人及状况，然后去做工作。

组织由人和人的联系组成，所以只要在其中工作，任何一个人都会意识到自己的工作状况、自己在组织中的地位、周围的人的评价以及上司的想法。

换句话说，员工想知道和理解关于前面4个问题的相关内容，如果得不到这种认识，就会失去工作主动性。

像这样，激发动机和认识是如此紧密地联系在一起的。

要点 经理人通过分配4个认识激发下属的工作动机。

3 分配信息让下属形成正确的认识

员工对关于**"在做什么工作？""处于什么状况？"**等的认识会保持相当长时间。正是因为如此员工才会对这些问题纠缠不休地考虑三四天。

员工的行动和工作方式很大程度上被认识的方式所左右。同样作为员工，有的员工恢复得快，有的员工恢复得慢，受到认识影响是人类的特点。我们现在对自己负责的工作有着什么样的认识？这种认识会左右我们之后的行动，即我们在很大程度上受到自己的工作状况、工作意义的影响，希望大家明白这点。这点和本书的主题分配有着很深的关系。

正如上文所述，**下属想要获得认识的关键点在于下属所做的工作的状况和工作的意义**。因此，作为上司的你把这些信息分配给他，是左右下属工作动机的重要因素。也就是说，分配信息的目的是让下属有正确的认识，激发下属的工作动机。

那么，为什么上司给下属分配关于工作状况和工作意义的信息如此重要呢？那是因为站在下属的立场上，这些信息的获取很难。从公司的组织层级结构来考虑的话我们马上就能明白这点。

请看图2-1。例如，假设上司B有几个下属。对下属A来说，他在公司内能看到的范围只有自己所在层级的视野，无法从更高层级的视角看事物。其结果是从下属的认识水平上来看，即使下属想要得到信息也会获取不够。

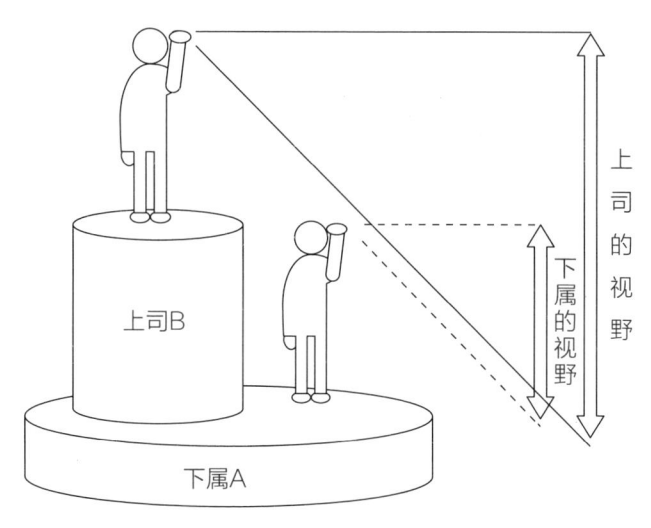

图2-1　上司比下属看到的事物更广

上司所能看到的范围是比下属更高层级的视野。因此，他比他的下属看事物看得更全面。所以，上司把自己能看到的信息分配给下属，会让下属拥有更正确、更详细的认识。

那么，让下属拥有正确的认识会对激发动机带来怎样的效果呢？如图2-2所示，上司给予适当的信息，下属就会正确地认识，工作动机就会被激发。

上面这些都是很多上司关照下属实际在做的事情。

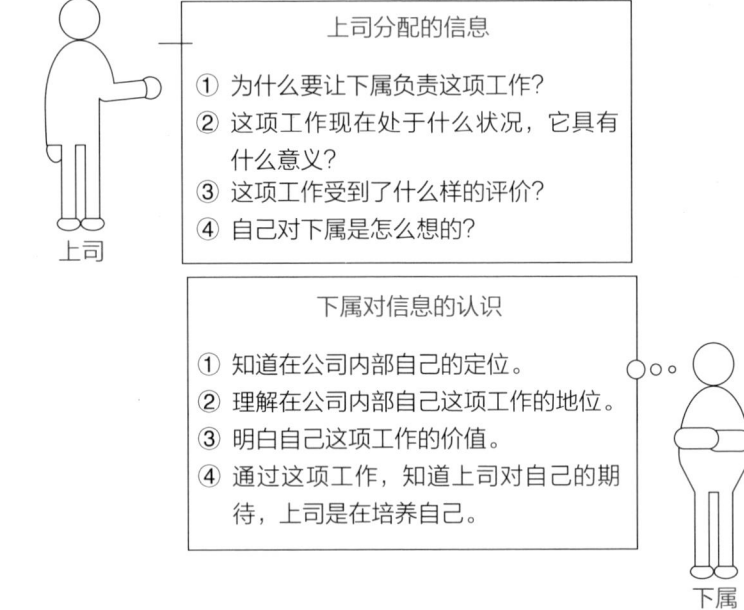

上司分配的信息

① 为什么要让下属负责这项工作？
② 这项工作现在处于什么状况，它具有什么意义？
③ 这项工作受到了什么样的评价？
④ 自己对下属是怎么想的？

下属对信息的认识

① 知道在公司内部自己的定位。
② 理解在公司内部自己这项工作的地位。
③ 明白自己这项工作的价值。
④ 通过这项工作，知道上司对自己的期待，上司是在培养自己。

图2-2 上司分配信息，下属获得认识和被激发工作动机

但是，各位经理人是否认为这是必要的，并有意识地去做呢？

恐怕大多数的经理人内心都是这样想的，"只顾自己的作用和评价、上司的脸色，而疏忽了眼前的工作，这是本末倒置的做法。""那样的话，你作为经理人就把工作的意义理解错了。"

又或者是经理人自己并不理解这样做的意义，"前辈教给我这样做，所以就这么做了。"

既然如此，各位经理人就有必要改变想法。**要让下属拥有尽可能正确详细的认识，激发下属的工作动机，这是非常重要的。**

> **要点** 经理人通过从上司的视角传达正确的信息，让下属获得正确的认识和被激发工作动机。

4 科学分配工作的重要意义

从工作的性质来考虑，我们就能明白下属拥有正确的认识是多么重要。

因为组织把大目标分成部分目标，由大家分工负责，所以形成了目标的联动、分工的联动。把分工简单化后，正如图2-3所示。

左边有一个大目标，为了实现这个目标，我们分工为A负责**主业务**，B负责**辅助业务**，C负责**辅助的辅助业务**。

在日本的职场上，一般是按照年龄和工作年数的顺序从上往下排列的，所以一般来说，A的年龄和工作年数是最高的。但是，近年来能力主义开始兴起，因此不能一概而论。

那么，从图2-3能知道，目标的达成很大程度上取决于负责最上面的主业务的A的成果。

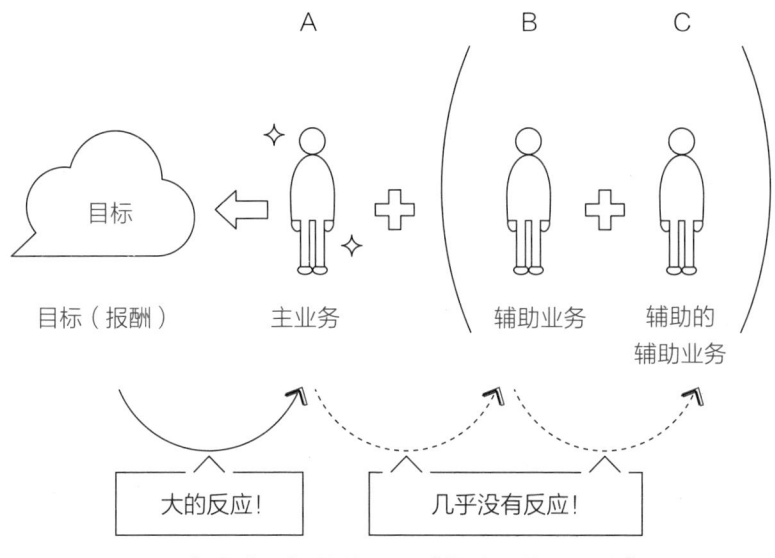

```
        A          B    C
      目标 ←  人  ＋ ( 人 ＋ 人 )
目标（报酬）  主业务    辅助业务  辅助的
                              辅助业务

       ↑          ↑      ↑
    [大的反应！]   [几乎没有反应！]
```

图2-3　为达成目标的分工和"推动工作→反应"循环

A往下是负责协助A工作的辅助业务的B。B下面又有协助B工作的辅助的辅助业务的C。

像这样，组织的工作被分为主业务和副业务（即辅助业务和辅助的辅助业务）。其实在这里，思考人的动机形成和组织的存在方式是相当麻烦的问题。

具体来说，负责主业务的人，因为承担主要的作用，他在自己工作岗位的舞台上工作，有显著的成果，可以从工作中直接得到反映。因此，他更容易获得工作的价值，也更有动力。另外，主业务也被称为阳光工作、显眼工作、主流的工作。

负责辅助业务的人是辅助的角色，所以辅助业务是幕后工作、是背阴工作，不会有显著的成果，负责辅助业务的人**很难得到工作的反应**。辅助业务也被称为黑子①的工作、支流的工作。

辅助的辅助业务比起辅助业务，这种倾向就会更强。负责辅助的辅助业务的人因为整体的目标和自己负责的工作的距离非常远，**很难有到底自己工作是为了什么的认识，通常处于任何反应都不会收到的状态**。

大家有没有拼命做辅助业务却毫无成果的经历？

太田说："这是我刚进公司时的事情，我记得当时对工作的热情相当高。

"突然有一天，上司命令我复印大量的资料。那个量不是一点而是很多。虽然我还有很多工作要做，但是被要求优先做这个。而且还被叮嘱绝对不要让别人看到我在复印资料。

"我无奈地待在办公室最不起眼的单间里的复印机旁，一

---

① 日本歌舞伎表演换场中搬运道具的后台人员，为了不影响表演效果，他们黑布蒙面、全身黑衣。

个劲儿地复印了6个小时。

"这项工作按照刚才的介绍是辅助的辅助业务吧。我一边工作,一边失望地想:'说到底,我不过是个打杂的。'

"但是几个月后,上司告诉我那份资料其实是公司并购相关的机密信息。

"如果那个时候,哪怕只是少许的解释,我都会觉得那6个小时的工作更有意义。

"但是,我也理解作为上司机密信息是不能传达到最基层的。在这种情况下,从分配的观点来看,上司有什么好的办法吗?"

"嗯。我觉得有办法。由于状况不同,不能一概而论,但首先机密信息这个词是可以传达的。即使上司不能说机密信息的内容也可以传达出他站在不能告诉你的立场上。

"从这种意义上来说,'这些资料中包含着不能告诉你的非常重要的信息。这是身为上司的我做重要的工作所需的机密信息。现在这些资料都需要复印。所以,不要让别人看到,去帮我复印。'或者'这件事告一段落之后我会说明真相。'这些信息理应能够传达。仅仅是分配这些信息,你的工作动机就会大不相同。像这样,即使是机密信息也可以分配。

"还有一点必须注意:上司必须努力去了解哪些下属是抱

着很高的热情进入公司的。如果把复印工作交给干劲十足的下属，解释的方法也应该下点功夫。也可以有这样的解释：'这个复印非常重要，因为你向来了解工作的重要性。'"

如果上司平时就很努力去了解下属，那么即使上司不能说出工作的内容，工作的状况、工作的意义以及心情信息也能传达给下属。在分配这件事上做到这样的程度是非常重要的。

> **要点** 经理人通过给负责辅助业务的下属分配工作的状况、意义和重要性等信息，激发下属的工作动机。

5
有效分配信息可以降低成本

为了达成公司的目标,哪个层级的工作都很重要。缺了哪个都不可能达成目标。尽管如此,正如刚才所述,**获得工作动机的循环对**负责辅助业务和辅助的辅助业务的人**是不起作用的**。也就是说,他即使推动工作也得不到工作的反应。

因此,负责主业务的人和负责辅助业务、辅助的辅助业务的人,在工作动机形成方面会有明显的强弱差异。

但是,在公司这个组织里,经理人在进行工作分工的时候完全不考虑下属工作动机的强弱。为什么呢?因为如果考虑到这一点,分工就不能给公司带来战略上的益处、经济合理性等积极的效果。

从道德的角度来说,我认为公司这个组织最好考虑到激发所有员工的工作动机。但是,在实际的组织中这件事是不可能被优先考虑的,因为这是组织的原理。

因此,负责辅助业务和辅助的辅助业务的人,如果继续工作,他的工作动机就会受到打击。那么,上司应该怎么做呢?在这里我想让大家回想一下我之前提到的认识,每个人在工作中都想获得如下认识。

①为什么我要负责这项工作?

②这项工作现在处于什么状况,它具有什么意义?

③我的这项工作受到了什么样的评价?

④对于我,上司是怎么想的?

有些人可能已经明白了,其实上司的重要作用是平时就将①~④的信息分配给负责辅助业务和辅助的辅助业务的下属。

那么,这种情况下的分配具体是什么流程呢?

作为上司的你处于被分工的业务和目标之间,你要从你所在职位上把辅助业务和辅助的辅助业务取得的成果送到各个负责人员那里,这就是相当于分配。

大家应该已经逐渐明白如果上司不分配信息,下属就感受不到工作的价值。

作为上司的大家在职场中准确分配信息了吗?大家想过明天开始必须准确分配信息吗?这么想的话,请一定要付诸行动。

但是，不能把现在发生的事情作为直接的信息分配给下属。因为下属有可能不理解它的意思，也有可能认为它对自己来说并不是很重要的信息。作为上司的你有必要将现在发生的事情加工成对下属来说重要的信息后再分配出去。这是分配信息给下属时的关键。关于这个关键，将在下面的第3讲中详细说明。

久保田说："我非常明白上司根据下属的业务特点分配信息的重要性。

"但是，从我带下属的经验来说，如果一一向下属说明情况、传达信息的话，时间再多也不够，这是我最真实的感想。没有时间的不是下属，应该是上司吧。即便如此，老师您还是会认为上司即使停下自己的工作也要做这件事吗？我的内心想法是如果分配信息能帮助我让下属随时得到工作的反应的话，那就太轻松了。"

"原来如此。我理解你的意见。但是，如果你有做上司的经验的话，我想你一定理解在管理上如果一开始轻松的话，之后就会受到打击。所以，比较一下先轻松再受打击的成本和走不轻松路线的成本，哪一个成本更高呢？"

久保田说："也许，因为轻松而怠慢了分配信息的结果是下属的工作动机受到打击,这样的成本要大得多。"

"我觉得正是如此。通过偷工减料得到的时间分量并不是很多。如果问题像滚雪球一样越滚越大,最后就需要花费大量的时间去解决,倒不如现在花一点时间分配信息,总成本应该会被控制到更低。"

那么,在绪论中提到了"经理人是如何做出决定去分配下属所负责的工作呢?"这一问题。其答案有两种:一种是分配下属可执行的工作;另一种是让下属做稍具挑战性的、稍微踮起脚尖的工作来培养他。重要的是,在分配工作时,经理人一定要将以下3点考虑清楚。

①这项工作对公司来说是非常必要的工作。

②这项工作是达成什么样目标的工作的一部分?

③从这项工作的内容难易程度来看,经理人是如何考虑该下属的能力水平进行分配的?

对以上3点的说明正是上司要给下属分配的重要信息。

另外,在绪论中还提到了"在下属的培养方面,经理人最重要的事情是什么?"的问题。当然,其答案是分配信息。

将工作方式、推进方式等信息认真地分配给下属,才是正确的做法。此外,在绪论中也提到了"为了激发下属的工作动机，经理人应该如何做?"的问题。读到这里的读者们应该都已经明白，**激发下属工作动机的方法，就是把能让下属得到自己工作反应的信息分配给下属。**

> **要点** 向负责辅助业务的人分配信息从长期来看总体成本很低。

6 看清下属是具有棋手意识还是具有棋子意识

上司分配信息激发下属的工作动机，这点正如之前所讲。

如果上司充分地分配信息给下属，下属工作的独立性和自主性就会提高。相反，如果没有分配，下属工作的独立性和自主性就会降低。

在此，向大家介绍管理学中的重要术语，就是棋手和棋子两个词。这两个词是由一位叫德查尔姆斯的教育心理学家提出来的。

请想象一下掷骰子后下棋这样的棋牌游戏，有移动游戏棋子的棋手和被棋手指挥的棋子两部分。工作的人将自己置身于这两者中的哪一个，他的意识会出现很大的不同。

棋手意识：自己在工作中有较强的独立性和自主性，他会有工作的指挥者是自己这样的意识。

棋子意识：自己在工作时没有独立性和自主性，他会有自己只不过是被工作牵着鼻子走的棋子这样的意识。

我想大家都曾有过棋手意识或是棋子意识的经历。但是我并不是想评价这两者之间的优劣，也并不是想对棋子意识强的人说要改变为棋手意识。

重要的是，在作为上司的你看来，下属究竟是棋手意识强还是棋子意识强。你有必要在看清这点的基础上，以最适合下属的方式去分配信息。

佐佐木说："的确，我的下属有两类：一类是具有棋手意识的人，另一类是具有棋子意识的人。那么，根据这种差异，我应该如何改变分配信息的方式呢？"

"在分配信息的方式方面，上司要极尽所能做出适合某个下属的意识的应对。

"也就是说，在看起来是有棋子意识的人当中真正是想做棋子工作的人也是有的，虽然数量不多。上司对这样的人施加压力，给他分配信息，让他有棋手意识并不是上策。因为太勉强的话，那个人会完全失去工作的干劲。

"需要注意的是，有的人本来是有棋手意识的，但却被分配了棋子的工作，即便如此，因为他很优秀，所以看上去他还是充满活力地完成棋子的工作。如果上司因此自作主张地认为"这个人是有棋子意识的人"，然后只把棋子的工作交给他，那他的工作动机很快就会受到打击。其结果可能会造成他有难得的实力却发挥不出来的状况。"

上司要看清每个下属的意识究竟是怎样的，并与他接触，这一点是很重要的。从和下属平时的对话以及日常工作中，上司稍微观察下属的态度就应该能明白下属的意识。可以说观察并看清下属的意识这正是经理人的工作。

> **要点** 经理人从平时的对话和下属对工作的态度观察并看清下属的意识是棋子还是棋手。

7
横向分配信息实现团队协同

之前我讲的都是关于个人工作动机形成的内容，接下来我要讲的是如何激发多人组成的团队的工作动机。

最近，很多公司都成立了团队，即大约10个包含领导在内的成员协同工作达到共同目标。这种团队与只有几个下属聚集在一起工作的普通小组不同。团队是由领导和多个成员组成的。而且，**除通常的部门上司和下属之间的纵向关系之外，成员之间横向协作的所谓横向关系也会表现得很突出。**这就是团队的特征。因此，团队领导**不仅要管理好上下级之间的纵向关系，还要管理好成员之间的横向关系。**

公司组建这种团队的最大理由是期待成员间互相协调带来正向的协同效应。准确地说，**比起每个员工的努力做加法，团队中每个成员的努力做乘法更能达到较高的业绩水平。**比起每个员工工作业绩的总和，团队的目标指向更高的业绩。当然，团队的领导需要比一般的经理人付出更多的努力。

所谓团队领导努力的加分部分，是通过管理团队内部的横向关系和整个团队的联系而产生的，这叫作横向连接。

为了实现这种横向连接，上司必须让下属之间形成能够互相分配和传递必要信息的状态，这种状态叫作横向分配，意思是上司通过下属之间的横向关系，分配管理所需的信息。

那么，应该横向分配的信息是什么呢？它在本质上和上司分配给下属的信息是一样的，正如第2讲中多次提到的那样。

①成员为什么要负责这项工作？
②这项工作现在处于什么状况，它具有什么意义？
③成员的这项工作受到了什么样的评价？
④对于成员，领导是怎么想的？

横向分配与以往上司单方面分配信息给下属的情况的不同之处在于下属之间形成互相分配信息的关系。

为了让大家了解这个情况，我们来具体分析一下团队分工的情况。

假设1个团队有1个领导，下面有A、B、C、D这4个成员。4个成员各自分担工作，但并不是所有人都做同样的工作，该团队形成成员各自承担不同的工作、领导汇总的形式。

之前讲过期待团队中有协同效应。其理由是每个成员都超越了负责通常业务的固定角色并弃用了以往程序化的手续流程，采取了灵活、迅速应对状况变化的工作方式。

团队中工作的责任和分工会渐渐模糊，团队中的工作会带有重复性并被变换着形式推进。团队合作的原因就在于此。

A、B、C、D的工作，从一开始就没有明确固定，负责的业务范围也不清楚，在这种情况下，团队开始运转。团队开始运转之后，工作业绩就会提高。所以根据工作的推进，工作的内容会有所改变。工作内容的改变是指除成员现在正在做的事情之外，有新的因素加入或者已有因素的减少。无论是领导还是成员，必须关注的领域和内容都会慢慢改变。因此，每个成员的具体工作活动也会在中途改变形式，然后每个成员的工作方式也会改进成符合工作活动形式的新的做法。这被称为团队活动的创造性。

那么，在整理团队的工作是什么时，我们再来思考一下横向分配。

因为团队本身的工作会随着其进行而改变形式，所以每个成员的工作内容也会改变。如果工作内容发生改变，那么横向分配的重要的追加信息就会时刻不停地产生。

追加信息是指关于每个成员的工作**如何变化，如何采取新的做法，各成员如何承担**这些问题的信息。

如果不在团队内部横向分配这些追加信息，团队的工作就不能顺利运转。团队如果不能共享"彼此都在做什么工作"这样的信息，就不能产生工作的协同效应。

所谓团队领导的重要作用是确认下属A、B、C、D 4个**成员是否互相共享工作的进展，想出新的方式，并共享新的做法，也就是团队成员之间互相分配信息是否正在顺利进行。**

如果团队领导这件事做得不好，就必须建立一个信息的运行机制，让它有效运行起来，将成员们联系起来。

> **要点** 团队的协同效应来自团队领导特有的信息分配方法和共享机制的建立。

8 合理分配信息实现团队共振

在团队内部进行分配的时候，会产生一种叫作共振的状态。所谓共振是指在成员们共享与工作相关的信息时，成员们对工作的方向性和工作的努力互相认可、赞扬、鼓励等情况。一言以蔽之，就是团队充满热情，团结一心。

如果产生了共振，整个团队的工作动机就会保持强烈。这时团队的工作动机比团队中成员个人的工作动机的总和还要高。这就是团队效能感的集体动机，是协同效应产生的源泉。

如果团队成员之间信息分配得好，共振就会增强；如果信息分配得不好，共振就会减弱，直到消失。

因此，为了引起并增强共振，团队领导必须努力进行分配，这就是团队领导的作用。

为此有以下3个关键点需要注意。

①在团队内，为了成员互相认识和共享工作及其做法，需要建立一个固定的信息交换的场所。

②信息交换场所的特性就是它能够让成员之间进行快速的信息交换。如果某个成员得到了新的信息，他在信息交换场所里就能将得到的新信息迅速传达给整个团队。

③成员之间互相打招呼，积极发言。

①~③在引起共振方面非常重要，希望各位团队领导能够理解并实践。

浅田说："①中所说的固定的信息交换的场所是什么？我以前管理20~30名的下属。在当时，比如定期开会，一起聚餐喝酒，举办庆祝活动等的确很常见。"

"形式没那么重要。重要的是你所说的定期开会，或是一起聚餐喝酒，或是举办庆祝活动等，这些活动的场合是否成了信息交换的场所。如果这些场合具有信息交换场所的特性，这些活动就是有意义的；如果没有的话，你就不能期待这些活动有效果。当然，这些活动的场合会成为大家交流感情、互相熟悉的场所，所以这些活动也不是完全没有作用。

"但是前文提到的追加信息必须准确分配。如果团队成员之间准确分配追加信息，就不必拘泥于信息交换的形式了。比如用社交媒体建立一个固定的场所，这样做也很好。实际上也有很多公司在这么做。在社交媒体上，成员写上以前被叫作业务日报的内容轮流传达也是很有效的。"

创造什么样的信息交换场所，既取决于团队的任务和特性，也取决于团队领导的品位。

各位团队领导请设法创造一个尽可能让团队成员容易参加的场合。

> **要点** 团队成员的共振，由信息交换场所、信息交换速度、成员积极发言3个要素引起。

第 3 讲 经理人需要捕获信息

1 经理人要具有捕获信息的意识

员工主动、独立地工作的前提是知道和认识这些事情："自己处于怎样的状况""在这种状况下自己会做出怎样的判断""自己采取怎样的行动"。

经理人必须首先有对主动工作的思考方式的认识，并采取行动。经理人要有激发下属工作动机的作用。因此，经理人有必要把公司的信息分配给下属。另外，在团队工作的时候，形成团队成员之间互相分配信息的状况也很重要。

经理人分配给下属的主要是以下5个信息：①关于下属负责的工作状况的信息；②方向性；③关于评价的信息；④单项业务的信息；⑤心情信息。这些信息对激发下属的工作动机非常重要。

问题是"上司有这么多的信息吗？"

"⑤心情信息"可以通过上司和下属之间适当的交流而

获得。但是，剩下的①~④的信息，如果上司没有的话，想要分配也无法分配。所以作为上司的你必须到某个地方捕获①~④的信息。

"捕获"这个词是用来形容狩猎的。经理人在公司里获取信息，就像动物捕获猎物时一样，是带有主动性的，或多或少带有攻击性。

经理人分配给下属的信息大致有两种：一种是经理人自己制作的；另一种是经理人捕获的。

所谓自己制作就是经理人从零开始制作信息，或者加工手头的信息。

但是，大部分经理人应该分配的信息都是自己不能制作的。特别是越是在离基层现场近的地方工作、经理人经验不足的人，自己制作信息就越困难。为什么呢？因为经理人身处公司的组织层级越高，他获取的与工作相关的信息就越多。

所以，对于实践分配管理学的经理人来说，首先理解捕获信息是非常重要的。

当然，作为上司的你上面也有上司。如果你的上司不断地给作为下属的你提供有助于分配管理的信息，那么在这种情况下你只要不断地把自己得到的信息分配给下属就可以了。此时你的上司就是个好上司。然而，在公司里，往往有很多经理人没有从自己的上司那里得到足够的信息。

我认为好上司和坏上司本质上的区别在于好上司把应该分配的信息分配给下属，坏上司不把应该分配的信息分配给下属。

但是，大家还是要具体区分上司没有充分分配信息的情况。可以考虑的情况有3种。

第1种情况是上司故意让你处于信息不足的状态，但实际上他想锻炼你捕获信息的能力。经常会有这样的经理人，根据时间和场合来看，他其实是不怎么坏的上司。

第2种情况是上司的能力不够，上司自己也没有准确捕获信息。这相当于坏上司。

第3种情况是上司原本就没有给下属分配信息这种想法。这是最坏的上司。

土屋说："第1种情况的故意不分配下属信息的上司，乍看之下是坏上司，但其实可以认为他是好上司对吗？"

"基本上可以认为他是一个好上司。用一句话来形容第1种情况中的上司，就是伪装成坏上司的好上司。"

经常有经理人对上司不分配给自己信息表达不满，但有的上司的想法是希望经理人能主动地行动起来，为此上司**故意让经理人感到信息不足而主动捕获信息**。这样的上司有着培养经理人下属的目的，是一个好上司。但是，上司几乎不会解释自己的意图，乍一看可能作为下属的经理人会觉得他是个坏上司。

必须注意的是，这种方法上司有必要在看清经理人下属之后再去使用。 上司为了培养经理人下属而故意使其处于信息不足的状态，如果上司的这种方法导致经理人下属的工作动机受到打击，工作业绩变差，那上司就变成真正的坏上司了。

总之，如果大家都有好上司的话，即上司能充分地分配信息给大家，需要大家自己捕获的信息就少了。但是，如果在不分配信息的坏上司（把伪装成坏上司的好上司也计算在内）手下工作，作为经理人的大家的信息会变得非常的不足。所以，在这种情况下，大家必须意识到要用自己的力量捕获信息。

> **要点** 经理人分配给下属的信息不足的时候，应该自己主动捕获信息。

2 捕获信息的6个渠道

作为经理人的各位可以捕获信息的地方大致分为以下6个（见图3-1）。

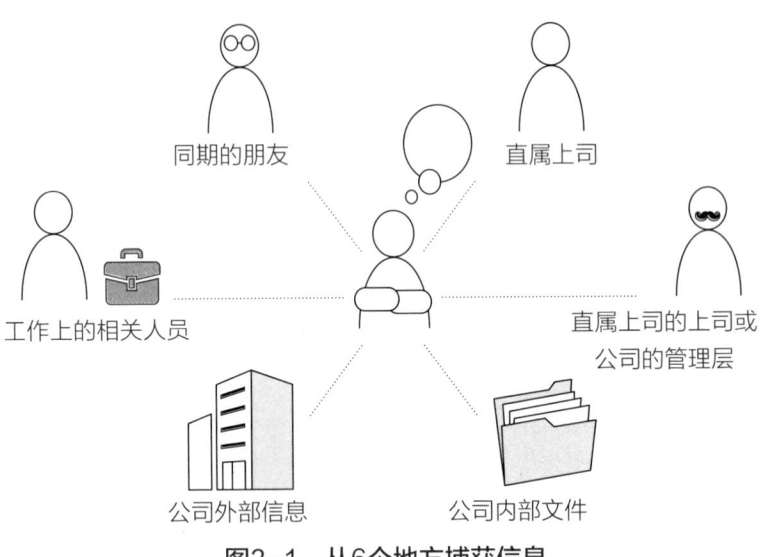

图3-1 从6个地方捕获信息

①直属上司（如果值得捕获的话）

②直属上司的上司或公司的管理层

③工作上的相关人员

④同期的朋友

⑤公司内部文件（一般在公司内部服务器中会有相当多的信息）

⑥公司外部信息

大家有定期从①~⑥捕获信息吗？

现在，你有没有处于坏上司的手下，以没有收到上司应该分配给你的信息为理由，不给你的下属分配充分的信息？如果是这样的话，你的下属的工作动机肯定会受到打击。

为了避免这种情况，你有必要到上文提到的6个地方捕获自己缺少的信息。

松下电器的创始人松下幸之助先生，有一次在讲到关于工薪阶层应有的姿态时，他使用了职员稼业[①]这个非常贴切的词语。正如字面意思，稼业就是赚钱的业务。所谓工薪阶层就像大公司的齿轮一样承担着小的分工。因此，很多人都没有自己正在赚钱的意识。

---

① 稼的意思是赚钱，业的意思是业务，稼业是行业的意思。

但是松下幸之助先生使用职员稼业这个词是想向职员传达"给自己的业绩加上'价格',通过扣除部分让自己的收益得到提高"的意思。

职员稼业的另一种解释是公司并不是只由总经理经营,还需要每个员工在工作现场通过把握自己周围的情况做出决策并采取行动。

为了实现职员稼业,经理人必须亲自捕获各种各样的信息。我觉得信息是人一动不动就无法获取的东西。所以捕获信息这种主动性的表达是恰当的。

另外,关于捕获信息,我想介绍一个非常准确的表达,即在商业领域经常使用的词语"走动管理"。经理人如果一直坐在自己的座位上,就什么情况都看不见,什么信息也得不到。也就是说经理人要从座位上站起来到处走动。

这个表达的来源是美国的职场。在美国员工的座位是分隔开的,如果是大公司,当经理人的话会有专用的房间。但是如果经理人只在自己的房间里继续做管理工作,就意味着他作为经理人是失职的。所以,经理人要从自己的房间里出来,到处走动捕获信息!

只是日本的办公室是在一个大的区域里,下属和上司桌子紧挨着,所以日本的上司并不像美国的上司那样有自己的房间。即便如此,作为上司也应该注意到处走动捕获信息。

"我觉得在现在这个时代,到网络上捕获信息当然也是可以的,不一定非得到处走动。坐在那里的川村,有没有听过到处走动之类的说法?"

川村说:"我们公司每个事业部的办公室都是分开的,所以大家经常说的是跨越部门的界限捕获信息。"

"嗯,实际上是经常这么说。据说在有的公司,到处走动捕获信息已经是常识了。"

经理人捕获信息的时候,会被"这个那个都想知道"的想法所驱使。作为上司,经理人想要尽可能多地分配信息给下属,也想要清楚地了解自己所处的状况。

因此,我想谈谈经理人捕获信息前需要做好哪些思想准备。

我们无法100%都明白地活着。当然,我认为最好是明白的部分多增加一些,哪怕是只增加一点。即便如此,我们也绝对不可能做到100%明白。这对工作也是一样的。经理人想要明白的心情很重要,但是想要完全明白是不可能的。因此,不能完全掌握关于工作的信息是经理人捕获信息前需要做好的思想准备。

关于这个现象,一位美国的经营学者赫伯特·亚历山大·西蒙（Herbert Alexander Simon）①起了一个很合理的名字——"有限理性"。他认为如果说什么都懂，什么都能做，那是不可能的。因此，人是带着疑问工作的。

但是，经理人不要说"我不知道"就放任不管，重要的是要用自己的方式去填补不知道的地方，这种态度非常重要。

要点 经理人要注意离开自己的座位，跨越部门的界限捕获信息。

---

① 赫伯特·亚历山大·西蒙是20世纪科学界的一位奇特的通才，他的研究成果在众多领域深刻地影响着我们这个时代。他学识渊博、兴趣广泛，研究工作涉及经济学、政治学、管理学、社会学、心理学、运筹学、计算机科学、认知科学等广大领域，并做出了创造性贡献，在国际上获得了诸多荣誉。1978年获得诺贝尔经济学奖，1975年获得图灵奖。

3
分析并加工捕获的信息

经理人捕获信息时，肯定想要尽可能有用的信息和精准程度高的信息。

为此，我对捕获信息时的着眼点这一问题进行说明。

在公司这个组织中完成工作是采取分工的形式。因此，**了解公司内部每个人的工作在公司中是怎样成为大的工作的一部分是非常重要的**。

经理人明白了这一点，在捕获信息并分配信息给下属方面，就能做得很好了。

例如，假设捕获信息的地方是你的"直属上司""工作上的相关人员""同期的朋友"，此时这些人各自处于怎样的状况，关于这些问题你如果没有先了解清楚就捕获信息，有可能会一无所得。这是为什么呢？

他们都有自己的目标，各自和不同的人一起工作。而且他们分别处在公司中的不同位置上，根据各自不同的制度行动，这就造成了他们各自的状况是不一样的。

经理人特别应该知道的是理解他们是什么样的更大的目标的一部分。

经理人带着想要了解捕获信息地方的人们各种各样状况的想法，和对方说话的话，就能捕获到有用的信息。

以上内容，对你自己来说也是一样的，最好来看看这些问题。

· 你自己的目标是什么，将成为什么样的更大的目标的一部分？

· 你自己是什么样的人？

· 你处于公司的什么位置上，按照什么制度行动？

请将你自己对这些问题的回答和捕获到的信息组合起来，加工成可以分配给下属的信息。

为什么要加工呢？这是因为捕获到的信息不能直接分配给下属。**要想给下属分配信息，经理人需要对自己捕获到的各种各样的信息进行分析、加工。**

> **要点** 经理人通过理解捕获信息的对象是公司的什么目标的一部分，可以捕获到有用的信息。

4
捕获有效信息的秘诀

经理人在管理层**捕获信息是最有效的。捕获信息的对象职位越高,他就拥有越多你需要的信息。**为什么这么说呢?因为越是组织层级高的人,就越能关注到组织内部广阔范围,越能捕获到更多的信息。

但是,对大家来说,像这样职位高的人,是位于云巅之上的人,不是能频繁拜访的对象。

不过,大家去拜访也可以,应该没有那么难。对方不会因为我们有心理障碍就拒绝来访。相反,很多情况下他会说:"听你说了这么多我感到很高兴。"

话虽这么说,但毕竟不是经常能去拜访的对象,所以介绍给大家另一个方法:**像找工作一样,有效利用公司内部文件和公司外部信息。**

我想大家都在5~10年前找过工作。那个时候大家通过网络、报纸、书籍等进行了业界研究和公司研究。

当时大家做这些研究是为了构筑这样的逻辑：想了解要就职的公司在做什么，自己想在那里做什么，这是不是适合自己的工作。大家通过这样做，在面试的时候和其他的场合中明确应聘动机。

那么，就像是去找工作一样捕获信息。

但是，当时和现在目的不一样。现在的目的是激发下属的工作动机，捕获分配给下属的信息。现在的你是公司职员，所以很容易得到公司内部文件。通过仔细阅读公司的公开资料和公司内部文件，你一定能捕获到宝贵的信息。这件事做还是不做，对你的工作有相当大的差别。

为了捕获精准程度高的信息，经理人应该将以下二者结合：有意识地接触在公司内外能获取的信息，有时可以直接去听管理层的人讲话。

高桥说："提高捕获的信息精准程度是非常重要的，有没有提高信息本身精准程度的好方法？"

"有。一是**对证查实**。也就是说，我们要确认信息的真伪。具体的做法是从某个地方得到的信息，将其放在别的来源（即信息源）中确认真伪。在工作中，经常听到"要有两个信息源"的说法。没有被证实的信息是有必要注意的。二是在自己这里扩充信息，提高精准程度。**从各种来源捕获具有相同观点的信息，把信息量变大，信息的精准程度就会提高**。"

在这里，我想再给大家推荐到处走动捕获信息的方法。

请大家按照这个方法先去自己的上司那里看看。

你的上司即使不知道分配管理学这个词，但如果明白其意义的重要性，就一定会鼓励像你这样有积极的探索心的下属并分配充分的信息。

如果上司说："不要做那么多余的事情，做自己的工作吧"，**请赶快去找别的人或信息来源捕获信息**。

如果你是一个能发挥行动力捕获信息并很好地分配捕获到的信息的经理人，那么你的下属就一定会被激发工作动机，从而更加积极主动地工作。

> **要点** 经理人通过结合从公司内外得到的信息和从管理层直接得到的信息，提高信息的精准程度。

第4讲 提高经营专业能力

1 经理人应该掌握经营专业能力

第4讲是关于作为经理人应该如何理解职业（career）的问题。

"career"这个英语单词有很多意思，有"职业""生涯"的意思，也有"经历""事业"的意思。提到职业，大家可能会联想到职位快速提升的过程。当然，这也没有错，但我想请大家从更宽广的角度去理解。

大家在公司工作的时候，掌握了必要的能力，学到了很多知识。想必既有成功的经验，也有失败的经历。通过所有这些事情实现人的成长，这个过程被称为经历。

不管是商务人士还是其他的工作人士，都想提高自己的职业能力。大家都想为公司做贡献，为社会做贡献，并得到更多的经济回报。大概没有人会说"我每年的年薪最好都能减少"。

在公司工作的人考虑职业发展的时候，必须重视经营专业能力的提高。因为职业能力的提高和经营专业能力的提高有着密切的关系。提高经营专业能力的基础就是本书的主题分配管理学。

这个世界上恐怕所有的工作都需要专业能力。同样，经营方面的工作也需要专业能力。

大家知道经营是专业能力吗？

有些人并不认为经营与作为专门职业的医生和律师一样是需要专业能力的工作。但事实上经营方面的工作专业性很强。正如医生在大学或研究生院接受医学教育，律师在大学或研究生院接受法学教育一样，有志于从事经营的人有必要在大学或研究生院接受经营的专业教育。

不过，医生和律师要通过国家的职业资格考试取得国家承认的职业资格证书才能从事这一职业，但经理人可没有这样的要求（见图4-1）。

如果把工作中必须具备的东西称为资格的话，那么工商管理硕士这个学位对经理人来说就不是必需的了。说得再深入一点，人即使不去大学或研究生院进行经营的专业学习，也能成为优秀的经理人。这就是经理人与医生和律师的不同之处。在财经界中，也有人说"年轻的经理人不懂经营的很

医生和律师

毕业于大学、研究生院的医学和法学专业 → 通过国家的职业资格考试取得国家承认的职业资格证书 → 作为医生和律师开始工作

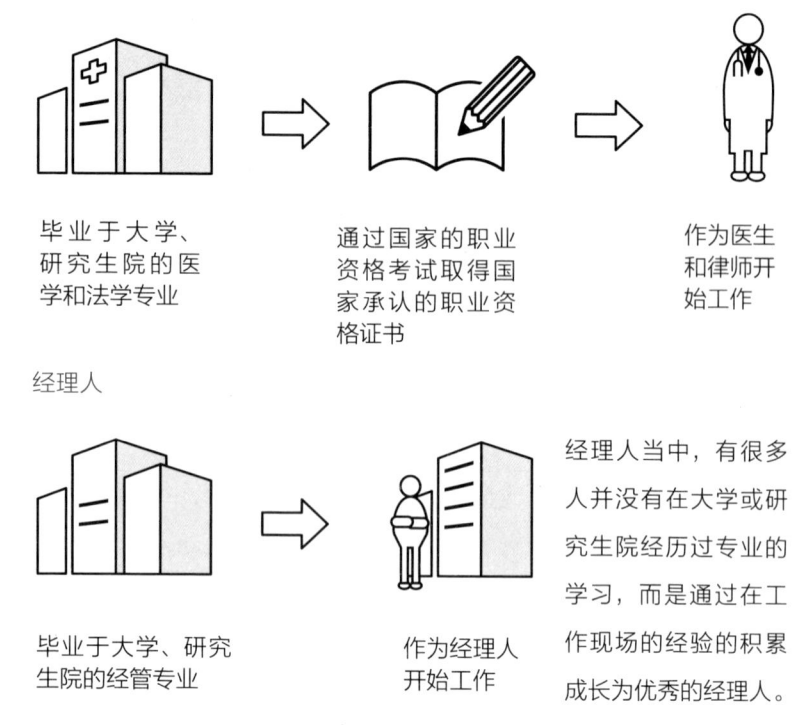

经理人

毕业于大学、研究生院的经管专业 → 作为经理人开始工作

经理人当中,有很多人并没有在大学或研究生院经历过专业的学习,而是通过在工作现场的经验的积累成长为优秀的经理人。

图4-1　医生、律师和经理人的区别

多"。这样看似矛盾的评价存在也象征着经营不需要资格。

话虽如此,但经营毕竟是一种专业能力。经理人如果没有相应的专业能力,就会在工作中的某个地方碰壁。

幸运的是,经理人可以自己一边学习一边在工作中掌握经营专业能力。也就是说,经理人通过读该读的书和每天在

工作岗位上做很多的工作就能掌握经营专业能力。换句话说，经理人必须通过每天的自我钻研、自我锻炼来学习经营专业能力。

顺便说一下，你周围的上司、同事、下属中，最好不仅有出色的人，也有不那么出色的人。因为出色和不出色的距离感能够锻炼你自己。换句话说，如果大家都优秀的话，你就无法得到锻炼。如果有不出色的人，你就能够通过对他进行帮助和指导，锻炼自己的经营专业能力。所以你即使心里想"这个人不行啊"，也绝对不要轻视这个人。

管理的本质是把能力和知识水平参差不齐的人联系起来，创造出成果。

> **要点** 经理人的职业生涯需要经营专业能力的提高，其基础是分配管理学。

2 提高经营专业能力的 3 种技能

经营专业能力由**概念技能**（conceptual skill）、**人际技能**（human skill）和**技术技能**（technical skill）3个**部分组成**。这是由美国管理学学者罗伯特·L. 卡茨（Robert L. Katz）提出的。

概念技能是指对工作进行构思、企划，制订战略的能力。

人际技能是指调动人们人际关系的能力。听到人际关系能力是专业能力，有没有人感到惊讶？

技术技能是指工作中所要求的专业技术能力，即能灵活运用业务活动所需的技术知识的能力。所谓技术知识是指会计财务的专业知识、市场营销的专业知识、法律和人事的专业知识、公司经营的产品相关的开发技术，以及作为其基础的科学技术等。

要想成为经理人，具备上述3种经营专业能力是必要的（见图4-2）。

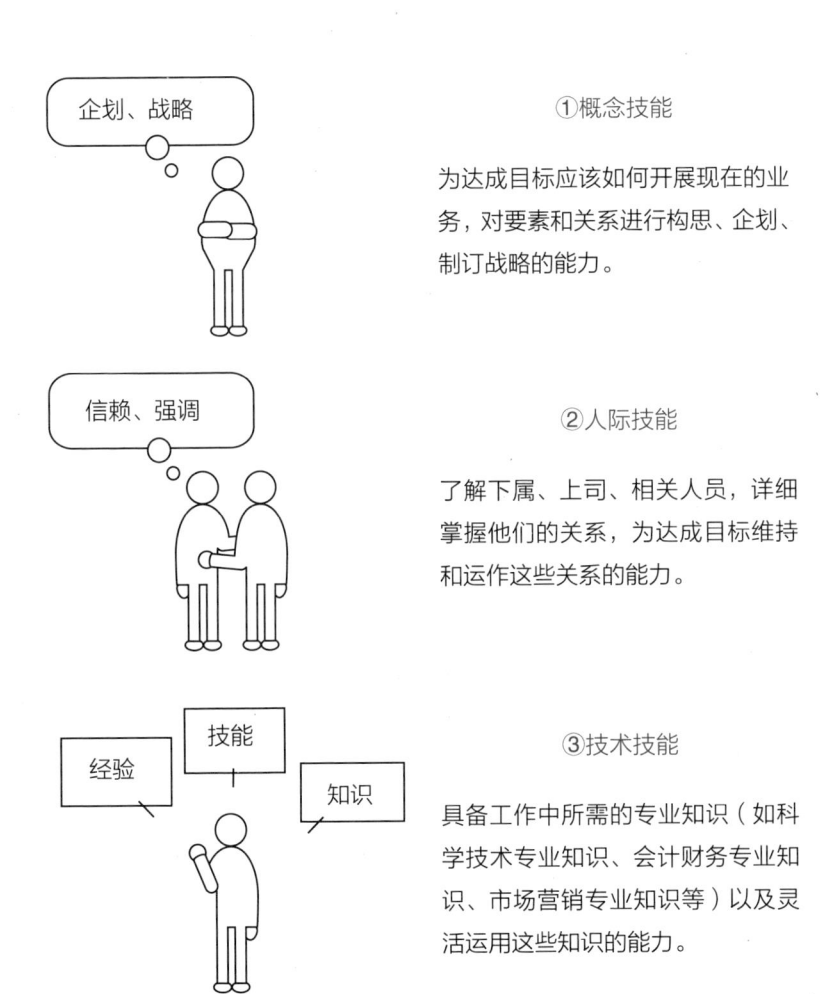

①概念技能

为达成目标应该如何开展现在的业务，对要素和关系进行构思、企划、制订战略的能力。

②人际技能

了解下属、上司、相关人员，详细掌握他们的关系，为达成目标维持和运作这些关系的能力。

③技术技能

具备工作中所需的专业知识（如科学技术专业知识、会计财务专业知识、市场营销专业知识等）以及灵活运用这些知识的能力。

图4-2　经营专业能力的3种技能

那么，本书的主题分配管理学和经营专业能力是怎样的关系呢？分配管理学是为了实现组织中分工负责的目标，经理人将自己置身于"自己的上司""作为上司的自己""工作相关的人员、下属"的关系中，捕获达成目标所需的信息，再对信息进行加工，然后将信息分配给下属。

前文提到过经理人仅仅把捕获的信息原封不动地分配给下属是无法激发下属工作动机的。作为上司的你必须进行加工，使之成为能够激发下属工作动机的信息。

经理人进行加工的时候，有必要整理自己捕获的信息和自己理解的东西，然后再进行构思、企划。只有在进行这个过程的时候，才能充分利用概念技能。所以，在分配管理学中，概念技能是极其重要的要素。

另外，经理人通过实践分配管理学得到下属和工作相关人员的协助，从而达成自己所负责的工作目标。经理人在管理的过程中，有必要随时使用人际技能。因此，人际技能也是分配管理学中不可或缺的要素。

经理人要想完成自己负责的工作，就必须具备技术技能。当然，经理人没有技术技能的话，本来就无法开展工作。而且经理人如果没有技术技能，就不可能给下属分配信息，也不可能从周围捕获到信息。因此，技术技能也是分配管理学的必要要素。

如果你在日常工作中注意实践分配管理学,那么你就能够灵活运用并不断提高自己经营专业能力的3种技能。

> **要点** 经理人通过实践分配管理学可以提高概念技能、人际技能、技术技能这3种技能。

3 经理人的职位决定经营专业能力的 3 种技能的比例

虽然经营专业能力的3种技能都是经理人所必须具备的要素，但并不是要这3种技能均衡地得到锻炼才能提高经理人的职业生涯。究其原因是在高层经理人、中层经理人、基层经理人的各层级中，每个层级所需的3种技能的比例不同。请看图4-3。

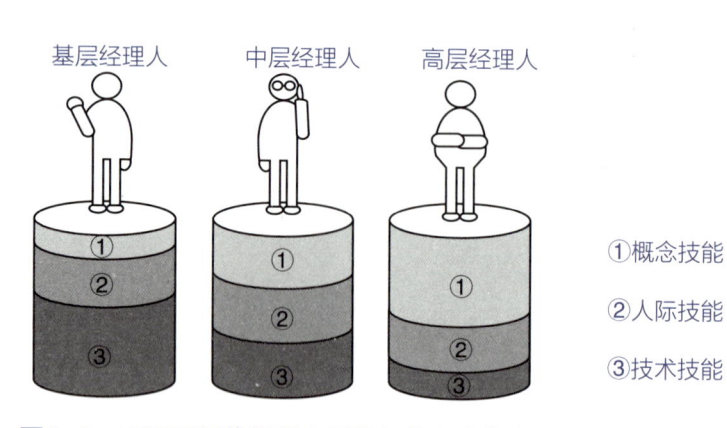

①概念技能
②人际技能
③技术技能

图4-3 不同层级的经理人所需经营专业能力3种技能的比例不同

人际技能对任何层级的经理人都同样重要。但是，随着经理人所在层级逐渐接近组织的最高层级，对经理人构思、企划、制订战略的能力的需求程度也逐渐增加，概念技能在3种技能中变得最重要。相反，经理人所在层级逐渐接近最低层级，对经理人的3种技能的需求中技术技能所占的比例就会变大。

像这样，根据经理人的职位不同，他所运用的3种技能的比例也不同，这是大家考虑职业发展时的关键。

所谓职业提升主要是指职员获得更高的职位（post）。因此，经理人将自己经营专业能力3种技能的比例，按层级由下而上逐步改变就显得尤为重要。

当然，不以职位提升为目标的职业提升也是存在的。因为职位提升并不是职业生涯的全部。

不过，如果在组织中工作的你想要朝着以下方向努力，即想尽可能提升自己的职位，想获得更多的预算，想拥有更大的权限，想调动更多的人，想做意义更大的工作，那自己所具备的经营专业能力的3种技能的比例必须一点一点进行改变。

前文提到过经营专业能力可以通过自我钻研、自我锻炼来学习。

公司可能会为你提供自身职位所需基本能力的针对性培训。但是，这些针对性培训大部分都是一两天就能结束的小规模活动。

说到这里，可能会被某些人反驳，但是在培训中最多只能让自己意识到自己已经成为经理人。培训结束后回到职场，你是不是又在做和以前同样的事情呢？而且最近培训也比以前减少了。

经营专业能力是人们在培训的过程中无法掌握的。就像人们想当医生或律师，即使接受了数次一两天的培训也不能成为医生或律师一样。

经营专业能力只靠公司是无法掌握的。那么，怎么办才好呢？它必须靠自己的努力才能掌握。

或许有人会说："光每天的业务就忙得不可开交了，实在无法再努力了。"但是，没关系。有边处理日常的业务，边提高经营专业能力的方法。那就是通过每天在职场工作认真实践分配管理学来提高经营专业能力。之所以这样说，是因为经理人如果不灵活运用经营专业能力的3种技能，就不能很好地分配信息给下属。

前文提到过分配管理学要根据各个下属的工作特点来分配信息。作为上司的你，首先要充分理解公司的状况和课题，然后将它们以下属也能理解的形式进行说明。为此要使用概念技能。因此，经理人越是分配信息，越能锻炼自己的概念技能。

另外，在向下属建议如何与业务相关的人交流时，你必须发挥自己的人际技能。而且，经理人从公司内外的各种各样的人那里捕获信息的时候，要使用人际技能。经理人通过实践分配管理学锻炼自己的人际技能。

如果作为上司的你在技术技能方面没有超过下属，你作为上司的意义也就没有了。所以大家每天都在工作中努力着，对新技术也保持认真学习的态度。

江原说："随着经理人所在层级逐渐接近组织的最高层级，对经理人经营专业能力的3种技能的需求比例会发生变化。各种技能的内容也会发生变化。比如，同样是人际技能，对基层经理人的要求是一对一的交流能力；如果是中层经理人，对他的要求就会变成团结团队成员的能力；如果是高层经理人，他对组织整体分配信息的能力就变得很有必要。像这样，随着职位的提升，对经理人所要求的技能的实质内容会有所改变。"

"说到人际技能，最根本的部分是不会变的。所谓最根本的部分是指对人的理解，即对人是什么、人的本质、人的成长等的深层理解。这些都是人际技能所需要的。随着经理人所在层级逐渐接近组织的最高层级，经理人需要应对的状况会发生变化，但**无论经理人是面向一人还是一万人，所需的经理人对人的理解这部分都不会改变**。也就是说，如果经理人理解了人，向一万人说些什么，和向一人说些什么，在本质上是一样的。经理人剩下要做的就是将他对人的理解和人数多、人数少相对应的技能结合起来。"

当然，经理人越是职位提升，需要学习的新技能就越多。但是，最重要的是技能的根本的部分，技能的根本的部分如果做基层经理人或中层经理人时提前掌握了，之后就能一直使用。

这在概念技能和技术技能上也是完全一样的。

> **要点** 经营专业能力的3种技能的需求比例会随经理人的职位改变。

4 职业生涯中的不同季节

"我的目标是职业生涯的提高。"这是谁都希望的事情。但是很遗憾,几乎没有人的职业生涯能够一帆风顺地提高。

工作不可能一直都成功,也不可能一直都失败,来来去去,循环往复。工资也有涨有跌。在现实生活中,职业生涯不是直线上升的。我们可能会遇到挫折,职业发展的路线也可能改变。所以,**与其说是提高,不如说职业生涯的发展更符合实情**。

发展这个词给人一种随着时间的流逝变得丰富的感觉,这是稍微带有文学性的表达。

像这样,职业生涯在不断发展中前进,有学者以季节而不是以上升或下降来形容职业生涯的不同阶段。丹尼尔·莱文森(Daniel Levinson)在《人生的四季》一书中,使用了季节这个词。他是一位认真做研究的人,他对几十位40~50岁的人的职业生涯进行了认真的调查。根据结果,他认为职业生涯不能简单地描述为上升或下降,而是表达为季节的变化更恰当。

像大家这样30岁左右年龄层的职业生涯的发展,其季节的变化是怎样的呢(参照图4-4)?职业生涯随着扩大→收缩→结晶化的过程而变化。这幅图是以我的研究班毕业生永井裕久(筑波大学教授)1987年写的硕士论文为基础而制作的。

扩大期是人们对自己的可能性进行各种各样的尝试,扩大职业方向的时期。处于扩大期的人大概是22～28岁,但是有个人差异。在扩大期,人们在工作中会遇到各种各样的挑战,好的成果坏的结果都会经历。

扩大期
扩大职业
方向的时期
22～28岁

收缩期
向胜利的方向
转舵的时期
28～33岁

结晶化期
稳固自己的
位置的时期
33～40岁

图4-4 与年龄相对应的职业生涯的季节

在尝试了各种各样的可能性之后，人们会发现自己的强项和弱项、擅长的领域和不擅长的领域。说得直截了当一些，就是能看到自己的胜负，即能看到"这里能胜任"的部分和"到这里就输了"的部分。而且，人是不会向失败的方向转舵的，只会向能够胜利的方向转舵。

向能够胜利的方向或者不会失败的方向尝试的结果，就是收缩到适合自己，并且能够生机勃勃地活动的领域。收缩期是以扩大期很多尝试的结果为基础，对"今后自己怎么办？"进行盘点的时期。处于收缩期的人年龄在28~33岁。

结晶化期是人们作为社会人士经过了15年左右，面对之后的职业生涯和人生形成"这样可行""不得不这样""有这个""只有这个"等诸如此类的心情并接受的时期。可以说，就是稳固自己的位置使之结晶。

适合接受心情、认同、判断、决心、选择等这些词语的也正是结晶化期。处于结晶化期的人年龄在33~40岁。

人们在收缩期对自己进行认真的盘点，然后带着结果前进，这就进入了结晶化期。现在大家大都处于收缩期或者刚刚进入结晶化期。

刚才列举的3个季节，顺序不会颠倒，也不会倒退。因此，大家要想更好地提高自己的职业生涯，请在意识到这个发展趋势的同时，注意面对适合自己的工作，做出适当的选择。

> **要点** 人的职业生涯随着年龄的增长在扩大期、收缩期、结晶化期等季节中变迁。

5 通过分配管理学了解自己

在选择适合自己的工作、适合自己的方向时，**关键是了解自己**。

在这里分配管理学变得很重要。做分配管理的话，就能认识自己。换句话说，就可以理解自己在公司中的位置。

因为经理人做分配管理过程中，经常了解作为上司的自己，并将与自己相关的信息分配给下属是必要的。另外，经理人要清楚自己的上司和公司上层的人是什么样的人，他们处于什么样的状况，整个公司是什么样的状况，然后再将这些信息分配给下属。而且经理人还要了解下属的情况并把下属所处的状况信息分配给下属。

能做好这些分配管理，就意味着大家会**通过职业生涯的各个季节，并在此基础上很好地了解不同季节的自己**。

正因为如此，在扩大期、收缩期、结晶化期各个季节，当你站在"自己怎么做才好"的十字路口时，你才会明白现在应该做什么，并为接下来的季节做好准备。

这是让大家的职业生涯结出更加丰硕果实的诀窍。**如果经理人的行动违背了职业生涯的季节，经理人的负荷就会增加**。如果经理人顺应职业生涯的季节，理所当然职位就会更容易提升。职位提升，经理人对公司的贡献度会变高，对社会的贡献也会变大，还会得到更多的经济报酬。

> **要点** 在捕获信息并分配信息给下属的过程中，经理人可以知道自己的职业生涯季节和在公司中的位置。

6 确认下属所处季节并有效应对

从下属的管理角度来看一看职业生涯的季节。前文提到过大家现在正处于收缩期或者刚刚进入结晶化期。你的下属也应该处于扩大期、收缩期、结晶化期这3个季节里的某个。

虽然作为上司的你处于收缩期,但下属或许还处于扩大期,年长的下属也有可能处于结晶化期。也就是说**你和下属的职业生涯季节可能不同**,而且不同的下属可能处于职业生涯的不同季节。

那么,处于收缩期的经理人如何管理处于扩大期的下属呢?如何管理同样处于收缩期的下属呢?如何管理连自己都不知道的处于结晶化期的人呢?

面对不同的下属,经理人必须想点儿什么办法。

如果经理人对季节有理解的话,只要看着下属,十有八九就会明白"这个人现在是在扩大期啊""这个人进入了收缩期啊"。经理人如果获取下属之前的职业经历,如之前的工作做了什么、取得了什么成果等信息,就能掌握下属职业生涯的大致正确的季节。经理人通过这么做了解下属现在所在的季节,然后分配给下属这个季节所需要的信息,同时让下属直面这个季节所需的对工作的理解、支持,这非常重要。

例如,处于扩大期的年轻下属应该想在工作上冒险。相反,迎来结晶化期的比经理人自己年长的下属应该不想在工作上冒险。因此,上司有必要考虑这些下属的想法。

林说:"例如,当自己的下属还在20多岁的年龄,就已经进入结晶化期时,'还可以继续扩大,不断扩大工作的幅度吧'这样对他指导是必要的吗?还是说如果他本人愿意的话,就让他做完这个工作直接进入结晶化期比较好呢?"

"在确认哪个比较好之前,这种情况下经理人必须确认两件事。

一是搜集证据,证明这个下属真的处于结晶化期。如果下属真的处于结晶化期的话,他本人的工作状态应该是不会迸发扩散的。也就是说,他应该不会像迸发扩散那样,有扩展、扩大的状态,比如这个工作要做,那个工作也要做。经理人请首先仔细观察下属的工作状态。

二是调查这个下属在过去5年左右的时间里经历了什么事情，也就是他的经历。扩大期、收缩期、结晶化期的顺序不会改变，所以请经理人尽可能调查这个下属是否有过扩大期，是否有过收缩期。

"经理人如果知道了在过去的5年里这个下属确实经历了很大的、很重要的事情，就可以遵循着职业生涯3个季节的顺序，将这个下属所在的季节看作是结晶化期。

"但是，这个下属的情况也有可能不是上文说的那样，而是在这个下属身上过去发生了什么特别大的事情，形成了枷锁，让他不能自由地工作。即下属不是自然地迎来了扩大期、收缩期、结晶化期，而是由于某些原因可能只是表现出像陷入结晶化期一样的行为。因此，如果下属真的是处于结晶化期，经理人按结晶化期进行应对就可以了。相反，如果下属只是因为某些事情变成了像结晶化期的样子，作为上司的经理人就应该做出符合下属情况的应对。"

因此，经理人要注意以下两点。

第1点，理解人们所在的职业生涯的季节不同，对事物的思考方式也不同。

第2点，经理人如果平时不注意了解和自己处于不同职业生涯季节的下属，就会和下属产生嫌隙，所以经理人无论是捕获信息，还是分配信息，都要调整自己来配合下属。

江原说："从我的经验来看，对于那些还处于扩大期的年轻人，有很多公司并没有给予他们尝试的机会。

"以前，职场上有不管什么都先让年轻人试一试的风气。但是现在，职场已经不是那种不拘小节的环境了。期望年轻人尽快成长为特定领域的专家，我感觉这样的公司好像增多了。对于这个问题，我们应该如何解决呢？"

"的确，正如你所说的那样，现在的公司要求年轻人尽早地具有专业性。

至今为止，日本公司会反复进行人事变动，让年轻的职员有更多的工作经历，培养通才，从而编制人员构建组织。但是，这种不拘小节的经营方式现在已经无法立足了。

"在以专业性编制人员构建的组织里，专业人才针对具体工作做出成果。然后，管理这些专业人才的专业人才，即经理人就出现了。如今，很多公司正在向这种组织结构的方向发展。在这种情况下年轻人想要扩大职业方向，在专业性上扩大是不错的方法。例如，会计如果想要扩大专业性，那就朝着在会计的某个专业领域做到极致的方向扩大。广泛涉猎会计专业领域会让他觉得这个公司的会计工作对我来说很无聊，如果这样的话，他就可能换到别的公司去。跳槽也是一种扩大的方法。这样的话,对原来的公司就是一种损失。"

在结晶化期之后,40多岁的人迎来了职业生涯的新季节过渡期。我们来稍微谈谈过渡期人们的变化。处于过渡期的人年龄在40~45岁。我认为拥有年长下属的经理人需要具备过渡期的知识。

过渡期的人们已经经历了"自己就这样做"的结晶化期,注意到自己身体的老化,因此不管什么事都积极地去做,已经变得不可能了。另外,处在过渡期的人们的家庭也会发生变化。刚好育儿告一段落,家庭里会有年龄更大的处于青春期的孩子。于是,他们及其配偶开始了与育儿时代不同的夫妇关系。这个季节也容易发生家庭不和。这样一来,无论是丈夫还是妻子,都到了开始关注家庭和公司以外的事情的时候。比如,他们开始致力于地区活动等。他们开始思考工作以外的自己的人生。

对于刚刚进入收缩期的年轻经理人来说,他和40多岁的下属对工作的意识有很大的不同,因此,与这样的下属相处年轻经理人或许会感到不协调。但这仅仅是因为年轻经理人和年长下属所在的职业生涯的季节不同。如果了解了这点,经理人的应对就会改变,和下属的相处也会更加融洽。

经理人持有职业生涯的季节的观点，在构筑人际关系的过程中对不同下属的状态就会更容易理解。所以经理人一定要注意这一点。

> **要点** 经理人通过了解职业生涯的季节，能够加深对与自己处于不同季节的下属的理解，接触方法和分配方法也协调得更加合理。

第5讲 探究人事部的职责及评价机制

1 人事部的职责所在

之前本书讲的都是经理人自己分配和捕获的管理的内容，下面本书来讲一些不同的内容。

经理人自己也会成为分配对象，这是从事管理的人应该知道的一项重要的内容。

在第4讲中提到过，**以职业生涯的提高为目标的话，那么经理人对公司内部的人事管理的理解是不可或缺的。**

原本公司经营活动就是利用经营资源（人、物、钱、信息）生产商品，然后提供给顾客。在这4种经营资源中，人在公司这个组织中是如何被分配的？

在公司中几乎没有经理人直接负责人事管理。因为在公司中有集中负责人事管理的部门，即人事部。

工作的人们被公司录用、配置、改变配置地点，最后从公司退休等这些情况可以用人员的流入、异动、退出来形容。

配置地点的改变不是移动而是"异动"[①]。之所以用"异"字形容，是因为它含有转移到与之前做的工作"异质"（不同的性质）的工作上的意思。

假设有一个公司层级的阶梯，如图5-1所示。异动有两种：一种是职位提升，使层级上升的异动；另一种是同一层级上的岗位变动。

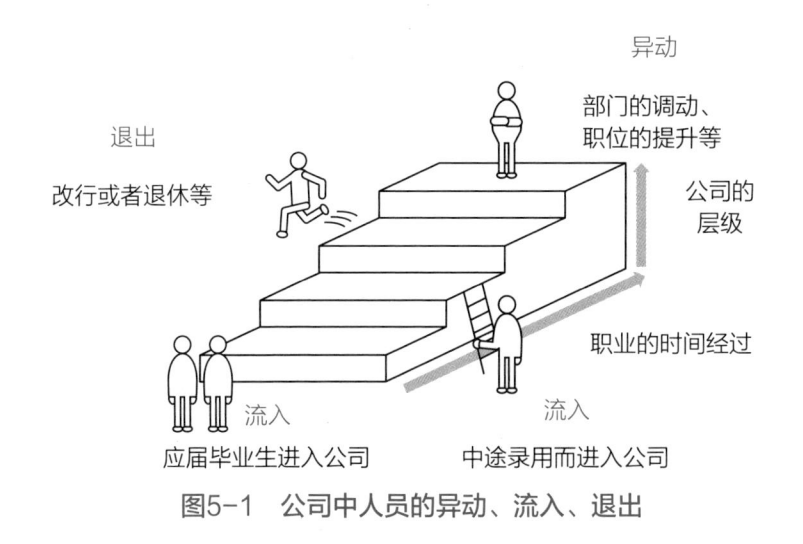

图5-1 公司中人员的异动、流入、退出

公司也有来自公司外部的人员的流入。从最下层台阶流入的人员表示的是大学毕业后正式进入公司的新职员。然

[①] 异动，日语中是变动、调动的意思。

后，从阶梯侧面流入的人员一般为公司中途录用的人。

　　公司退出的人员是指从公司各层级离开的人们。退出的人员既有在还能工作的年龄离开公司改行等的人，也有到了退休年龄离开公司的人。

　　对这些人员的流入、异动、退出进行集中管理的部门就是人事部。人事部的工作是录用、训练公司需要的人才，将其配置到公司内的部门。另外，人事部把已经被配置部门的人调动到别的部门，也是尽可能地把人员异动到合适的位置上做到人尽其才。除此之外，人事部还要处理人员的职位提升和各种各样事由的退休。

　　在人事部进行的这一系列的业务中，关于配置和调动非常适合用分配这个词来概括。

　　从人事部的角度来看，正在读本书的读者们都是分配对象。大家也会觉得不知什么时候就会有调职的命令下来吧？作为经理人的你们也是被分配的对象，大家要思考如何在理解这个事实的基础上去工作，这一点很重要。

　　正如刚才所说，人事部想实现人尽其才。为此，人事部会在平时观察包括你在内的所有的职员。那么，人事部在观察什么呢？知道这个问题的答案对经理人来说非常重要。

　　人事部为了合理分配人员，从平时就开始注意观察两件事。

一是作为分配对象的人的特性。比如，人事部会看业务能力水平如何，人品如何等。关于人品更具体地说，就是人事部在观察职员在工作现场会不会成为麻烦的人，周围的人对该职员的信誉评价如何。

二是人的特性以外的部分，观察公司各个部门的工作。具体地说，就是从"公司内部正在进行的业务活动怎么样了？"等现状层面的事来观察"今后怎样开展业务活动"或"公司现在或将来需要什么样的人"等预测层面的事。例如，假设公司内开展新业务活动。在这种情况下，人事部会调查公司内有多少人能做这个工作，然后将这些人召集起来。如果公司内能做这个工作的人不够或者完全没有，人事部就会进行招聘活动。

把这些人事部的动向放在作为经理人的你身上来分析的话，就是说人事部一直在考虑你现在的能力和性格与能做的工作的匹配度。

总结起来，**人事部为了整个公司能良好运行，时刻考虑着人尽其才，也就是说人事部会通过观察前面提到的两件事，向公司内的各个部门分配人员。**

> **要点** 人事部是以每个人的业务能力、人品、公司内部的状况为基础，适当地分配人员的部门。

2 探究人事系统的全貌

前面提到的人尽其才这个词，类似于建筑领域的物尽其用的意思，即在建造某种建筑物的时候，人们**要充分了解木材固有的性质把它用在最合适的地方**。

另外，日本江户时代初期有名的剑术家、兵法家宫本武藏在《五轮书》中阐述了战场上人员配置的重要性，并引用了人尽其才这个词。

的确，公司要想在公司间的竞争中做好布阵，需要将具备相应能力的人员分配到公司需要的部门，从这一点来看，人尽其才是再合适不过的词了。

人事部以在公司中工作的所有人和在公司中开展的所有业务活动为对象，进行相当大规模的人员分配。

吉川说："我非常清楚自己是被分配的对象。不过，我也是属于大型公司的人，根据以往的经验，我觉得人事部基本上是没有进行人员分配的。总的来说，所谓的人事部在收集并积累员工的信息后，所做的事情只是部门之间的人员调动和办理招聘方面的事务性手续。实际上决定人员调动和升职的是部长和公司的董事长。"

"原来如此，我很明白你的意思。最近，随着公司的人事系统的多样化，从终身雇佣的类型中脱离出来的公司不断出现。如果是其他国家的公司，它们管理职位的思维方式和日本公司不同。在日本的信息技术公司中，也有与人事相关的负责现场工作的经理人拥有很大决定权的情况。此外，如果是实行各部门独立核算制的公司，就有必要进行与传统型公司不同的人事管理。所以，如果对人事部做概况的说明，得到的结论就很可能不符合大家自己的公司的情况。

"因此，这一讲的内容虽然是以终身雇佣为前提的公司人事部为基础的，但内容的关键之处实际上并不是人事部，而是理解人事工作，希望大家带着这样的思路去理解。"

公司内部的人事管理是由人事部来承担，还是由部门负责人来承担，虽然可能根据公司不同而不同，但人事工作是共通的。

最重要的是，经理人要知道自己是在人事工作中被监视的。这会给大家的业务和职业生涯带来怎样的影响，这点请大家学习。细节部分希望大家能对照公司的实际情况进行应用。

> **要点** 经理人对人事工作的理解，和职业生涯的提升息息相关。

3 探究人事部评价机制

关于人事部的工作,我提到了他们会看人的特性——能力,不过大公司职员人数很多,所以人事部无法详细了解每个人。

因此,人事部使用人事考核这一评价标尺进行测量。

人事考核是由什么样的制度构成的,每个公司都有所不同。但是,大部分的公司都使用**目标管理制度**。这个制度也有目标管理、根据目标的管理等不同的名称。

如果用一句话概括这个制度就是人事部通过收集从某项工作开始到得到成果的整个过程的信息对负责该项工作的职员进行评价。评价主要包含以下3个方面。

在现场负责工作的你的目标被设定为什么?

如何实现这个目标?

你的工作成果能达到什么水平?

虽说是人事部收集，但是这些信息众所周知，并不是人事部的工作人员自己收集的，而是经由上司收集的。也就是说上司的评价结果会集中到人事部。

这个时候，人事部不会只收集工作的进程和成果的信息，刚才说的有关人的信息也会被附带着收集起来。这会成为对公司员工重新进行测评的重要素材。

我特意使用了素材这个词，但仅凭它并不能决定评价。因为模拟的信息也会被顺带收集进去。

什么是模拟信息？比如上司会在评价的备考栏里写上"这个下属是这样的人"。或者是人事部的工作人员一年一次或几次分头去直接和公司的全体员工面谈。人事部不仅从上司的汇报里得到信息，为了得到关于员工的直接的信息，这个面谈的结果也会添加到素材中。

最近，越来越多的公司导入了被称为360度评价的机制。这是从下属和相关的人那里，获取每个职员的评价数值和评语的制度。这也是人事部收集的素材。

如上所述，人事部不仅要对员工的工作成果，还要对员工的个人信息包括员工形象在内进行调查。

松野说："我一直有个疑问，人事部在衡量一个人的能力的时候，如何去衡量那些用数值无法测算出来的部分？比如前文提到过的经营专业能力的3种技能中，随着职位的提升，必要的概念技能之类的，人事部很难测定和评价。那么，公司是如何衡量他们的个人能力的呢？"

"正如你所说，**概念技能的测定是很难的**。人事部也知道这一点，所以在现代的目标管理思维的世界里，只能得出根据结果来判断的结论。但是，正如概念技能不经过长时间的跨度就看不到个人成长的程度，这种能力实际上是无法测量的。因此，在选拔真正担任重要职务的候选人的时候，很多公司会让懂的人去观察并进行评价。也就是说，由能干的人来观察并做出评价，这是一直以来就有的模式，虽然是很土气的做法，但人事部现在也会采取这样的做法。"

> **要点** 人事评价是由目标设定、朝着目标的努力、目标成果，加上员工形象这一素材来决定的。

4 人事部对什么样的人评价最高

下面，我们来了解一下人事部的实际情况。

刚才提到的两个工作，即掌握员工的特性和了解公司的现状与未来，人事部对以上两个工作进行了完美的实践，并在公司内部形成员工与工作最好匹配的公司，才是最棒的公司。

但是遗憾的是员工与工作的匹配不可能完美，总会有哪里做得不充分。也就是说**人事没有完美**。

这是为什么呢？**因为在公司中，经常在某个地方开始新的业务活动，拥有这项工作所需的能力的人很快就会不够。**而且，这个新的业务活动进展得越快，人才没有尽其用的情况就越日常化。这样的话，人事部就会一直处于被动应对的状态。

其他部门的业务活动收缩、停止、人员过剩主要是集中在被称为旧的技术和产业中。如果把在旧的业务中多余的人，转移到人手不足的新的业务中就好了。但是想要做到这点并没有那么简单。

所以，人事部无论多么努力地工作，总是做得不够，也免不了收到来自其他部门的不满反馈。因为在公司某处总会发生人才没有尽其用的情况。

基于以上的状况，让我们来思考一下，对于大家来说，公司内部的人事系统到底有什么意义。

让我们从了解人事部是如何看待在现场工作的你开始。人事部是从什么样的角度来评价你的？

就像刚才提到的那样，即使人事部努力了也经常会有不尽如人意的状况。因此，他们对公司内的每个人有4个期待。

第一，为了达成上司给定的目标，你能够靠自己的力量前进。希望你是主动的、独立工作的人才。

第二，你不依赖公司，可以努力提高自己的能力。即使公司和上司不事先为你做好准备，你也要自己锻炼必要的能力。

第三，你注意培养下属，自己的工作总有一天能交给下属。

第四，你了解公司的状况和课题，并在此基础上着手解决问题。也就是说，你要开阔眼界，工作的时候多考虑公司。

关于以上4个期待，大家是不是觉得他们的期待可真是够省事的？

从结论上来说，人事部希望员工成为不费事的人才。也就是说**即使人事部不一一着手，员工也能轻松地把自己培养成为对公司有益的人才，即不费事，发挥能力，自我钻研，培养人才，把公司的问题当成自己的事的人**。对于这样的人，人事部和人事系统会给予很高的评价。他们会让这样的人很快晋升，而且会给予更多的报酬。

相反，**被公司背在背上抱在怀里的人，不说就不学习的人，只考虑自己的事的人，需要上司一一指导和跟进，很费事**。对这样的人，人事部给予的评价会变低。

虽然员工的营业成绩好、企划力强、演讲发表能力突出，但如果这个员工经常和上司发生冲突、工作态度有问题，对人事部来说就很费事了。

只是业务的执行能力高是不行的，不费事的人才是最好的。大家可能会有点失望，但真相就是这样的。

如果你追求更高的职位，要求更多的工资，那么从人事部的角度来看，就请你变成不费事的人才吧。

> **要点** 人事部对自己发现、设定目标和课题，并开始主动行动的人的评价最高。

5 分配管理学和人事评价的关系

不费事的人到底是什么样的人呢？怎么做能成为那样的人呢？

这里又该分配管理学登场了。所谓分配管理学，是指在各个下属负责的工作中分配①状况信息、②方向性信息、③关于评价的信息、④单项业务信息、⑤心情信息，从而激发下属的工作动机。我想这些内容已经差不多在大家的脑海中扎根了。

不过，其中①~④的信息在分配给下属之前，作为上司的你，必须先有这些信息。如果你手头没有应该分配的信息，就应该捕获信息。

人事部是如何看待为了达成分配信息和捕获信息的目标而不断努力的你呢？答案是将你视为主动工作的人才。

给予下属关注和关心，对下属的工作成果分配反馈信息，分配作为上司的心情方面的信息，这样就能培养出与自己更合拍的下属。

另外，通过去经营层、上司或者其他的部门捕获信息，理解公司的状况和课题，加工后再分配给下属，追求达成目标的经理人，他们是了解公司的状况和课题，并在此基础上努力工作的人。

实践分配管理学的经理人，恰好是不费事的人才。

能够进行分配管理的经理人，已经成为不费事的人才。而且，人事部对这种不费事的人才的评价很高。

在管理下属时很有效的分配管理学，对提升经理人的职业生涯也是非常有效的。

儿岛说："人事部可能会分配人，但不会分配信息给我们。比如今年加薪幅度较大的情况下，就会知道自己有些方面获得了好评。但是，为什么会晋升，他们却不告诉我。和部长面谈的时候，部长也只会委婉地说：'你非常努力，是同期50人中的第2名，所以会涨这么多。'如果能给我一个明确的评价就好了。虽然我们因为分配管理受到了较高的评价，但在这一连串的动作中，人事对我们的哪些行为进行好评呢？

"原本人事部包括评价机制都是黑匣子化的，让人产生一种和自己没什么关系的错觉。我觉得其结果是打击了我们的工作动机。人事部不能公开更多的信息吗？"

"我理解大家想知道关于自己具体的评价的心情。但是，大多数公司不公开人事考核结果的理由是，浅显地说，找不到对评价分数进行说明的逻辑。并不是说评价不科学，分数得出的过程和方法本身应该是经过科学设计的。但是，人评价人的时候，无论如何都伴随着主观。在主观的世界里员工是以怎样的机制被评价的，并没有传到人事部，人事部只看到评价分数。直截了当地说，如果人事部被员工问'为什么我得70分？'，人事部只能用因为你的上司给你打了70分来解释。

"我认为解释的难度是人事考核结果不公开的理由之一。还有一个重要的理由就是人事考核结果会发生调整。调整在审核奖金等的时候经常发生，不过，奖金是从上而下分配到各部门的一定额度的资金。在现场工作层级最初进行评价的人（即初次考核者），判定自己部门的各个成员是S、A或者B，然后整个部门进行整体统计，再调整各评价的人数平衡。

"像这样在部门层面进行的评价和调整被称为二次考核。由于这样的调整是为了取得部门中各类评价的平衡，因此在下级部门层级中初次考核中获得S的人可能会在二次考核中降为A，当然也可能会发生相反的情况。这样的调整是一个即使向员工本人说明也很难得到理解的过程，也是在会议上通过政治性的讨论对话来决定的，所以公司不公开对员工的评价。

"不过，我认为今后以全球化公司为中心，人事部会把全体员工按照评价分数排名并公开人事考核结果。我认为这样的评价会更具有客观性。但是，这对工作的职员来说是不是真的是个好系统，现在还不知道。"

没有人能100%地选择职业。**因为正如刚才所说，既然生活在组织中，大家就是被分配的对象。**

但如果说职员什么都做不了，也并非如此。倒不如说，我们也可以从积极的一面去考虑，因为有人事考核的存在，所以我们只要努力就能得到好的评价。

如果你能提高自己的评价，人事部就会为你准备超出自己想象的职业履历。

就职于公司就意味着即使成为经理人也要经常被监视，除了上司以外还有观察你的人事部，而且你无法逃脱人事部的评价。因此，大家感受到人事部的存在是很重要的。

所以要从积极的一面去考虑，"正因为人事部在观察着我，所以我要考虑采取符合人事部的评价的行动"，有这种想法的经理人才是好的经理人。为此，应该好好实践分配管理学。

从人事部得到好的评价就能更好地发展你的职业生涯。

> **要点** 优秀的经理人作为理解公司的状况和课题，并与下属协作的人才，能得到好的人事评价。

第6讲 经理人如何应对职场的危机

1 注重危机时刻的管理

作为经理人的你,虽然是从管理现场的角度来考虑问题的,但那也是公司经营这个大框架的一部分。所以经理人必须具备现场和公司经营这两种视角。

在管理现场方面,**有很多人可能并未切身感受到危机时刻的管理这个主题**。

现在的公司发生或遭遇危机的频率都比过去高了很多。公司发生或遭遇危机的频率变高的理由是商业环境在不断变动的不连续的时代到来了。不连续的意思是指相同的状况不能一直持续下去。

因此,**经理人要知道危机是什么和危机时刻的处事方法**。

经理人的管理的工作大致分为两类。

第1类是<u>平时的</u>管理,周围的状况稳定,职员不会感到很大的不安，是工作状态良好时的管理。

第2类是**危机时刻的管理**，伴随着危险发生了什么不好的事情，职员感到严重不安时的管理。

那么，在危机时刻作为经理人的你，应该做些什么呢？

先给危机下个定义。危机分为大危机和小危机。所以危机的定义要分成这两类来考虑。

所谓大危机就是公司经营的危机。也就是说，大危机是整个公司的危机。小的危机是指经理人所负责的工作范围内的危机。

在当今时代，大危机的发生变得很频繁。

例如，2011年的"3·11"日本地震以及由此引发的福岛第一核电站核泄漏，使许多公司陷入了危机。同年，在泰国南部发生了洪灾，很多当地的日企工厂被迫停工。

2012年夏天，飓风"桑迪"袭击了世界经济中心之一的纽约，使城市功能瘫痪。

在那之前也频繁发生大的危机。比如2008年次贷危机时的雷曼兄弟破产事件。由此引发了全球金融海啸，导致很多公司经营困难甚至直接倒闭。

像这样，现在几乎每年都会发生动摇公司经营的大危机。因此，公司在考虑经理人的危机时刻的管理时，经理人遇到大危机时如何进行管理是不可回避的要素。

关于小危机，这是在经理人所负责的工作范围内发生的危机，有各种各样的情况。从工作现场发生事故等物理上的情况，到职场人际关系的恶化（如下属之间的关系恶化，上司和下属的关系恶化等）等心理上的情况都有。

不管是哪一种危机，都会使公司业务活动水平下降，陷入机能不全的危险。**对于作为上司的你来说，防范自己所管理的工作现场的危机也是重要的工作之一。**

> **要点** 经理人的管理中包含平时和危机时刻的管理。

2 正确判断公司经营状态

平时的管理是作为上司的你反复捕获和分配信息。让我们来复习"分配的信息"的内容,你需要将①**状况信息**、②**方向性信息**、③**关于评价的信息**、④**单项业务信息**、⑤**心情信息**分配给下属。那么,经理人又该怎么做危机时刻的管理呢?要想处理这一问题,有必要通过以下两个角度来把握关于危机时公司的经营活动(这个框架是以研究班毕业生高田朝子,现法政大学教授,2002年的博士论文为基础的)。

第1个是关于公司经营的环境适应状态的信息。这是公司的经营处于怎样的状况,在以怎样的思路进行的信息。

第2个是关于单项业务的程序的信息。也就是"这项工作应该这样去做,那项工作应该那样去做"的业务的规则、方法和手续的信息。

试着从这两个角度来看的话,①~④的分配的信息可有如下分类。

首先,关于公司经营的环境适应状态的信息包括:①关于状况的信息;②关于方向性的信息;③关于评价的信息。

也就是说,公司处于怎样的状况(①),向什么方向进行经营活动(②),如何评价向那个方向进行的活动(③),这关系到公司经营的环境适应状态。

其次,关于单项业务的程序的信息顾名思义,是④关于单项业务的信息,是关于"在现场具体工作应该这样做"的规则、方法和手续的信息。

那么,我们利用公司经营的环境适应状态和单项业务程序的区分方法来说明危机时刻和平时的管理的不同。

请先看表6-1。

两种公司经营环境的适应状态健康时、公司经营环境的适应状态不健康时的情况,两种单项业务程序维持时、单项业务程序无效时的情况,合计分为4种情况。我来解释一下这4种情况的意思。

首先,公司经营环境的适应状态健康时是指公司能够很好地适应环境的变动进行经营的良好状态。例如,公司跟得上政治的变化、经济的变化、市场的变化、技术的变化、竞争状况的变化、自然环境的变化等,公司对这些变化都能很

表6-1 公司经营的4种状态

项目		单项业务程序	
		维持	无效
公司经营的环境适应状态	健康	稳定状态 公司的业务 按预期进行	部分危机状态 一部分业务活动 面临危机
	不健康	僵化状态 僵化的业务 继续进行	全公司危机状态 整个公司的经营活动 面临危机

好地应对。在这种情况下,公司会处于统一管理的状态。

其次,公司经营的环境适应状态不健康时是指**公司处于不能适应变化的经营状态**,变成不具备一致性,组织不受控制的状态。

然后,单项业务程序维持时是指**现场工作的方式在正常进行,期待的产品按照计划被推出的状态**。

最后,单项业务程序无效时是指**现场工作的做法不能正常进行,变得无用,期待的产品无法推出的状态**。

> **要点** 经理人从公司是否适应环境变化和公司是否维持了单项业务2个角度来判断公司的经营状态。

3 公司陷入危机的两种情况

通常情况下公司的状态是稳定状态和僵化状态这两种状态中的一种。

公司经营的环境适应状态健康,单项业务程序维持时,公司的经营处于**稳定状态**。

相反,公司经营的环境适应状态不健康,可是单项业务程序维持时,公司的经营就处于**僵化状态**。

僵化状态是说公司的整个经营没有适应环境的变化,变得落后于时代,但是业务还和以前一样完全没变。把这叫作"危机"也没有错,但这不是表面化的、自知的危机。关于这种僵化状态,我将在接下来的第7讲中讲述,在这里我讲一讲表面化的、自知的危机。

陷入危机的公司一般会处于部分危机状态或全公司危机状态这两种状态中的一种。看了表6-1就会明白,公司陷入危机的时候是单项业务程序无效的时候。另外，只是公司经营的环境适应状态不健康，表面上看公司是没有陷入危机的。

部分危机状态、全公司危机状态两者，当然后者是危机程度较大的重症状态。首先，我从部分危机状态开始说明。譬如，在某个限定的地域发生自然灾害，在这个地域内有公司的营业场所和工厂，当这里的业务无法开展的时候，公司就处于部分危机状态。因为只有公司的一部分受到了自然灾害的影响。此外，仅在与你工作相关的领域，发生系统事故的情况也属于部分危机状态。因为只有公司的一部分受到了事故的影响。这些时候，作为公司整体，适应环境的健康的经营还在进行。只有某个工作现场、某个岗位，在执行业务上遇到了困难。

但是，一旦进入全公司危机状态，整个公司就会陷入危机。比如，公司的中枢和经营据点几乎都被卷入灾害的情况就属于这种情况。另外，公司面临大的技术革新和市场不景气也属于这种情况。

变成全公司危机状态时，整个公司变得不适应环境，业务程序几乎无效。最近，有一种被称为业务持续计划的紧急情况下的业务程序被制订出来，全公司危机状态发生的时候就是业务持续计划被启动的时候。

植木说："我是做媒体工作的，我常常看到，媒体的关注，使公司受到了很大的影响。比如，如果自己公司的坏消息在电视上被报道出来的话，一下子就会被超过100万人知道。但是，我觉得公司在不了解这种媒体力量时，接受媒体采访的情况有很多。坏消息被报道出来的情况，这是相当大的风险吧？"

"你说的没错。比如公司内部的丑闻、召回产品、产品故障、食品中混入了什么，等等，一不小心会使整个公司都陷入危机。这个时候如何应对媒体就变得非常重要。在这种情况下，应对采访的不是基层经理人，而是高层经理人。总之，经理人**在危机时刻如何对媒体进行说明是非常重要的**。

"大家最好知道有的**媒体会创造故事**这个事实。媒体向读者或观众容易接受的方向，编制信息，制作读者或观众易懂的故事。所以媒体的报道也有捏造的成分。

"一旦被报道，故事就会发生变化，对于公司来说，很难控制它。公司至少能做到的是，努力把类似于谣言的损害限制在最低限度，脚踏实地地努力恢复民众的信赖。"

> **要点**　公司的危机分为部分危机状态和全公司危机状态两种。

4 危机时应捕获和分配的重要信息

我们来思考在危机时刻,应捕获和分配的是什么。

在自然灾害和事故等危机的情况下,**首先要确保自己的人身安全,使用危机应对手册应对眼前的危机,这很重要**。在确保自己的安全之后,再去确保周围人的安全。不过,**优先自己的人身安全这样的事,在实际的危机面前总是做不到**。这点请好好地铭记在心吧。

那么,危机时经理人的心得是什么呢?

即使发生了什么导致作为管理对象的现场变得混乱,如果公司是处于部分危机状态,公司的方针和想法也应该保持和平时一样。经理人可在通信手段和交通手段上想办法,为了确认公司的状况,可以从管理层捕获信息。同时,经理人也可以分配现场的信息给下属。

经理人捕获的信息是**管理层是按照至今为止相同的方针**

和想法继续经营，还是多多少少修改一部分进行经营。然后，经理人有必要把它分配给下属。

筱塚说："自然灾害或者产品事故是大危机。我感觉在我的公司的日常工作中经常会发生小危机并且让人疲于应对。

"虽然每天都有小危机发生，但我的上司反而很欢迎，他说：'正是这种时候，人才能成长。'因此，上司会故意在这种危机发生的时候，把年轻人投入到培养人才的工作中。我觉得危机对公司来说是必要的吧。"

"嗯，恐怕你的公司在业务性质上是那种小危机在很短的时间间隔内爆发的行业吧。但是，危机本来就不应该发生。可能你的上司有过通过应对危机自己获得成长的经历。所以，他才利用危机使之成为下属成长的机会。但是那种危机是处于控制下的危机，所以，可以这样说，这是在业务中插入了那种危机。因为整个公司都具有应对这个问题的秘诀，实际上单项业务程序也没有停止。

"另外，关于把危机应对作为培养人才机会的话题，有一个有趣的例子。这是从某钢铁制造商的人那听说的，钢厂的高炉在日本还有几座，但是现在的钢厂已经不再建设新的高炉了。因此，从零开始制造高炉的技术在钢铁制造商中也无法传承下去。定期检查等方式成了技术传承的有限机会。

在这种情况下，1995年发生了日本阪神大地震，神户的高炉坏了很多，听说了这件事的一家公司全员都去支援维修工程了。因为在那里可以学习高炉建设技术。据说有很多员工被派到那里，学到了很多东西。"

> **要点** 在危机时刻，应该捕获和分配的最重要的信息只有一点，那就是公司经营是维持现状，还是加以修正。

5 如何应对人际关系恶化的危机

职场人际关系恶化的危机和我之前说的危机有本质上的不同，可以说是人祸造成的危机。

人际关系恶化，是彼此的心情不合拍，彼此的认识有偏差，不能互相理解的时候产生的。

虽然公司正在以适应环境的健康经营方式进行业务活动，但由于人际关系恶化的危机，大家所负责的公司的业务活动不能按照应有的程序进行。这相当于公司处于部分危机状态。

那么，经理人应该如何应对这个问题呢？

经理人**不要等到人际关系恶化了才去注意，重要的是要在那之前就注意到**。在人际关系方面，我们可以事先应对。

为此，自己和下属，或者下属之间的人际关系是怎样的状态，经理人通过平时到下属那里捕获信息，把握情况是很重要的。也就是说，经理人要**监控人际关系**。

但是，直接监控也没什么意义。也就是说，"你们今天人际关系好吗？"这样问下属是在做无用功。关于人际关系的信息，经理人从下属本人那里无法直接捕获。因此，有必要进行捕获信息的间接监控。

所谓间接监控，就是设立标准指数，作为了解职场人的人际关系如何的基准。

经理人平时在职场要注意"谁和谁关系好""平时会说些什么"，将此作为职场的稳定状态，预先作为人际关系的标准指数进行掌握。经理人如果掌握稳定状态的标准指数的话，就能注意到在职场中偏离标准指数的要素。经理人平时在工作中注意把握指数的变动幅度就好了（见图6-1）。

这是和质量管理类似的思想。也就是说，具有正常的产

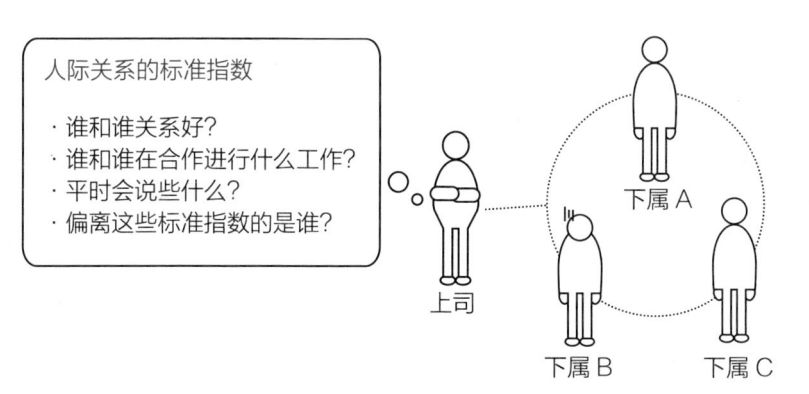

人际关系的标准指数
· 谁和谁关系好？
· 谁和谁在合作进行什么工作？
· 平时会说些什么？
· 偏离这些标准指数的是谁？

上司　下属A　下属B　下属C

图6-1　通过设立标准指数来发现异常

品标准（即指数），如果有偏离标准的产品就很容易发现。这是间接监控。

那么，作为经理人的你，如果发现人际关系恶化，该怎么办呢？这是在第2讲中讲过的，为了激发下属的工作动机，经理人要实践能让下属精力充沛地工作的分配方法。如果经理人适当地分配信息，人际关系恶化是不会发生的，或者其在最小限度内就能解决。

作为经理人的你，现在能把信息认真地分配给下属吗？是不是哪里有不足之处？请对这些问题进行检查。

还有一点，那就是作为上司的你，能否比下属更好地控制自己的感情，做到精神上的稳定。为了能够做到这一点，请你每天想方设法去努力。上司的工资都比下属的高，是因为上司的工作是包括"感情的控制"部分在内的。

但是，即使有经理人的努力，也有改善不了人际关系恶化的时候。这种情况是特定的下属成为人际关系恶化的根源。这种情况下，单靠经理人的努力是无法改善人际关系的，所以经理人应该尽早和自己的上司商量。因为这和经理人的管理方法无关，成为人际关系恶化的根源的人，使下属间关系恶化。说不定，这个员工在调到现在的工作岗位之前，发生了某种"故障"。

如果这种"故障"是属于个人的人品问题的话，经理人应该去和自己的上司商量。因为这是人事部分配的问题，自己的上司有必要知道。这种商量就是把信息分配给经理人自己的上司。

和上司商量，你可能会犹豫。因为向上司报告没有管理好自己下属的人际关系，有可能降低上司对你的评价。但是，如果你没有管理好以特定下属为根源的人际关系恶化，受其影响，你的部门整体业绩恶化的时候，上司就会降低对你的评价。

所以，你无法管理人际关系恶化时，最好尽早向自己的上司报告。

宇野说："我以前公司的上司的管理工作像是故意搞坏人际关系。具体来说，就是让下属们尽情地竞争。这个上司说话时经常拿下属比较，总是跟下属说：'你的同事已经做好了，你做不到吗？'像这样的话。听到这样的话，同事之间当然会产生感情上的隔阂，作为当事人也会心情不好。只是这个上司亲自参与的项目本身进行得很顺利。"

"啊，原来如此。这是对下属们来说精神负担很大的做法。但是，如果项目本身进行得很顺利的话，从经济合理性的观点来评价，也不是那么糟糕的管理。

"但是,如果下属们是被长期雇佣,即使这个项目结束了,也会待在那个工作岗位上。这样的话,这个项目结束的时候,就会**产生互相伤害这样的负面作用**。如果经理人一直拖着不解决这个问题,让下属们参加下一个项目的话,就会产生不好的影响。所以从长远来看,这样的管理方式是不好的。

"日本的公司大半采取长期雇佣的形式。所以,如果人际关系恶化的话,公司就会让一方的人去别的工作岗位。如果每次项目结束都需要这样的人员配置转换的话,从公司的角度来看会很麻烦,因此,作为经理人要运用合适的人际管理方式。

> **要点** 经理人要对小组内的人际关系设立标准指数,不放过偏离标准指数的要素。

6
经理人应乐观应对危机

在第6讲的最后,我们来谈谈与危机时的不安作斗争。

分配管理学的重要要素有分配心情。那么,在危机时刻,用怎样的方法将你的心情分配给下属才好呢?

从管理的观点来说,**以悲观的判断标准工作,以乐观的心情行动**是很重要的。

悲观地工作的话,自然会产生悲观的心情,这是人之常情。因此,我想建议大家以悲观的标准去工作,但要以乐观的心情行动。

虽然这很难,但是作为上司你必须做到。

正因为在危机时刻会出现各种状况,所以上司的工作标准和想法会变得悲观。但是,如果上司让下属看到连上司自己心情都很悲观的话,下属也会被分配到悲观信息。

因此,如果上司让下属的心情变得越来越不安的话,就会变成糟糕的上司。

如果工作时上司心情乐观的话，下属们即使在逆境中也会想办法咬紧牙关紧跟上司。所以作为上司，悲观地判断，乐观地行动是很重要的。

松野说："'悲观地判断，乐观地行动'道理是知道，但是说实话，一般人很难做到吧。比如我，我本来就是一个会做出悲观判断的人，但是我觉得悲观还是会表现在脸上，表现在行动上。我也清楚地意识到了。有没有什么办法可以让它不外露呢？"

"我觉得这可以训练出来。实际上，有一种被广泛使用的训练方法，效果很好。越是情况不好的时候，经理人越要站在镜子前面。**糟糕的时候，经理人自己的脸会僵硬**，一照镜子就知道了。用镜子看着自己的脸，练习保持笑容，也就是说，**勉强挤出笑容**。这样一来，经理人就能**客观地看到'啊，原来自己一直都很紧张。'**人一看到笑容，心情就会缓和。所以，在镜子里看到自己的笑容，将笑容的刺激带进自己的内心。

"还有一点，人在紧张的时候，身体的姿势会向前倾斜。所以，这种时候**请挺直自己的后背，保持一个舒适的姿势**。做法是坐在椅子上，后背紧贴着椅背。仅仅是这样做，就能消除身体多余的力量让身体变得放松。

"另外,已经陷入恐慌的时候,很多时候会下意识地憋气。人虽然吸了一口气,但是不会大口呼出来。所以,有意识地大口呼气会对缓和心情产生效果。

"经理人做到以上3点,即使在悲观的状态下,也能让心情乐观起来。这些方法都伴随着肌肉动作。要想让自己变得乐观,比起语言,使用肌肉动作更有用。"

我曾在电视节目中看到过"悲观地判断,乐观地行动"的行为。在美国某个地区遭受巨大龙卷风袭击的时候,一个美国家庭把当时的情况记录在家庭录像里。

当时龙卷风不断接近这个家庭的房子。一出家门,风就变强了。因此,爸爸做出了房子会被吹走的悲观判断。所以当他们一家人想要逃到地下室的时候,爸爸为了把家人的情况记录下来,开始录像。一般情况下是不会这么做的对吧。

在这个录像里,爸爸用很乐观的声音说道:"还好吗?这不是野餐。所以,我们留下记忆吧。我们的房子也许会被吹走,但这是家人的记忆,我们把它保留下来!"然后满脸微笑地录像。

一家人在地下室避难的时候,爸爸也会说:"还好吗,大家?这样一家人在一起,大家都很安全。好吗?相信爸爸!"

实际上,房子随着一声巨响飞出去了。龙卷风过后,一家人一走出地下室，父亲就用乐观的声音说"没有房子了，可以直接看到天空。""这是家没有了的天空。好漂亮啊！"之类的。

之后这个父亲在电视节目中被采访，被问"为什么明明是那么危险的状态，还微笑地做一些事情呢？"这个父亲回答说："我知道这种时候，必须要悲观地判断，乐观地行动。"

在第6讲里，我们学到了发生危机时怎么办的知识。经理人有3个途径可以学习发生危机时应该做的事情。

第1个途径是从经验中学习。

第2个途径是通过观察别人的危机应对来学习。

第3个途径是通过书本学习人们已经知道的应对危机的方法。

但是，从经验中学习应对危机的方法是过于危险的。我不推荐经理人在危机状态下奋不顾身。如果打个比方的话，就是飞机驾驶员在飞机坠落时的应对方法，不应该从飞机坠落中去学，一定要通过模拟进行体验学习。

因此，危机应对最好从整理出来的过去发生的危机应对方法中学习。

大家做经理人的时候，一定会遇到小危机。在大家的职业生涯中，也一定会遇到一两次大的危机。那个时候，请大

家好好地引导下属们,而且请采取对公司来说最好的行动。

经理人在危机时也需要发挥管理能力。

> **要点** 遇到危机时,作为上司的经理人要悲观地判断,乐观地行动。

第7讲 经理人应以变革为目标

1 公司应避免温水煮青蛙

　　公司是为了通过向顾客销售商品获得利润而成立的。为了让顾客购买商品，使其满意，公司必须灵敏地应对顾客需求的变化，提供新的商品。也就是说，公司要不断地**了解顾客需求的变化**和**提供新的商品**，否则就无法生存下去。

　　如果公司周围的环境发生了变化，公司就必须适应并顺应这种变化。为此，每个员工都必须改变自己。而且，最近公司周围的环境变化的速度越来越快。

　　公司对这种变化的适应、顺应和进化等被称为**变革**。公司在变革的时候，**创造出新的东西被称为创新**。

　　环境的变化（如顾客的变化）有社会、经济、政治、文化等多种因素的影响。而且，随着环境的变化，公司自身也必须进行自我变革。能做到这一点的公司在环境的变化中能生存下来，做不到的公司就不能生存下去。

但是，也有自己无法做出改变的公司。其理由是人类对环境的变化很迟钝。关于这个问题，我用温水煮青蛙的比喻来说明（见图7-1）。

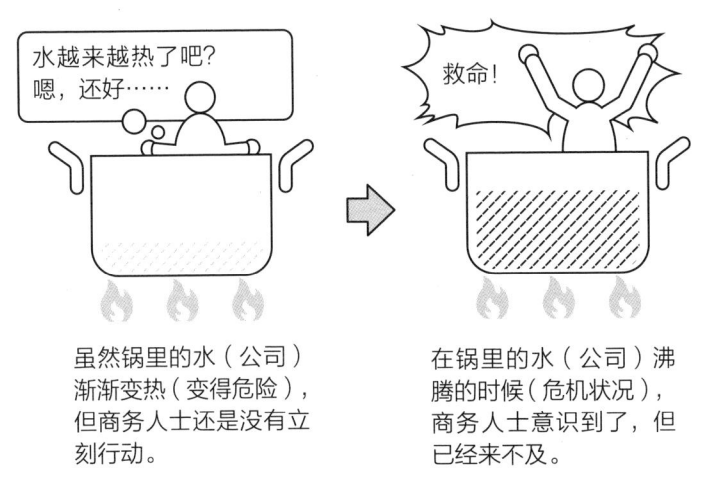

虽然锅里的水（公司）渐渐变热（变得危险），但商务人士还是没有立刻行动。

在锅里的水（公司）沸腾的时候（危机状况），商务人士意识到了，但已经来不及。

图7-1 温水煮青蛙式的商务人士

往锅里加水，把活青蛙放进锅里。将炉灶点着火，用极小的火加热。因为水的温度只上升一点点，青蛙不会注意到水温的上升，也不会从锅里逃离。过了一段时间，青蛙就会被煮熟。

这个比喻说明公司如果没有非常灵敏地感知到环境的变化（如顾客的变化），如果不经常提供新的商品，就会被市场

淘汰，经营就会陷入困境。

像温水煮青蛙这样，即使公司隐隐约约发现了什么，也会不知不觉地想要做和以前一样的事情。然后过了一段时间，公司发现自己落后于环境的变化，就会很慌张地开始改变。

一言以蔽之，就是公司如果隐隐约约发现了环境的变化，就请尽快进行变革。而且，公司变革的时间越往后拖延，公司产生的问题就越大。

从得失的角度来说，公司变革时间往后拖延，公司损失会变大。如果用风险来衡量的话，公司变革时间往后拖延，变革的风险就会变大。所以，变革的重点是趁变革风险还小的时候，公司赶快进行变革。

> **要点** 公司需要不断感知公司周围环境的变化和提供新的商品，在风险还较小的情况下进行变革。

2 公司需要变革时，经理人应如何做

公司能够适应变化的状态和不能适应变化的状态可以用第6讲中介绍的表6-1中的稳定状态和僵化状态来分类。

稳定状态是指公司经营能够适应环境的健康状态，单项业务的程序被维持，按期进行。相反，僵化状态是指公司经营不能适应环境，处于不健康状态，公司内僵化的业务还继续进行。前文介绍的温水煮青蛙就是指这种僵化状态。僵化状态具体来说，就是公司**不顾顾客的需求变化，想提供原来的商品，还做着原来的工作**。处于这种状态时，公司需要快速变革，需要实践创新。

僵化状态是在员工不知情的情况下，危机逐渐发展成严峻的状态，所以也是危机状态。

问题的关键是**很多员工是在没有意识到危机的情况下仍然按照原来的单项业务程序工作，还是在意识到危机的情况**

下仍然按照原来的单项业务程序工作。大家觉得哪个更加危险呢？不管哪个更加危险，如果公司不适应环境的状态长期持续下去的话，公司的收益就会渐渐降低，公司迟早会亏损，经营会陷入困境。

那么，在公司需要变革时，经理人应该怎么做呢？

作为大公司的一员，从事管理工作的中层经理人并没有直接站在左右公司整体经营的立场上。但如果说中层经理人没有该做的事情，那也不对。因为如果公司经营陷入危机，中层经理人自己也会陷入危机。

员工置身于公司，意味着员工将自身的生存托付给公司整体的经营。从公司领工资生活的员工是在依赖公司的状态下工作的。所以，员工必须有"这个给我开出工资的公司可能危险了"的想法。

经理人与其眼睁睁地看着青蛙被温水煮而死去，不如为变革而行动。

即使是在现场工作的基层经理人，既然自己的人生很大程度上依赖公司，就必须考虑环境的变化和变革。

要点 经理人要有把生存托付给公司的意识，时刻保持对组织僵化状态的危机感。

3 感知公司僵化状态和危机的能力

经理人必须注意到自己公司的状态。那么,如何注意到公司没能适应环境变化、没能充分应对顾客需求的变化呢?对经理人来说,这是个难题。

公司里几乎所有的工作都已经设定了目标,并为此确定了活动内容。

对于经理人来说,做这些是日常的工作,即使不考虑环境适应等问题,眼前的工作也能处理。换句话说,公司要求这么做。进一步讲,你越努力做你眼前的事情,越只能看到眼前的事情,越看不到更大的环境变化。

如果你的公司不能适应环境变化,会怎么样呢?

在这种情况下,**如果作为经理人的你按照以往的单项业务程序工作的话,就意味着你自己也处于僵化状态**。这样的话,在某个机会,某个场合,你应该就会意识到这一问题。

也就是说，你会意识到有僵化状态的情况发生。

要说你在什么情况下意识到，应该是在实践分配管理学的时候（见图7-2）。

分配的时候，你要说明下属的工作在什么样的状况下具有什么样的意义。而且，你向下属解释的时候，会将下面这

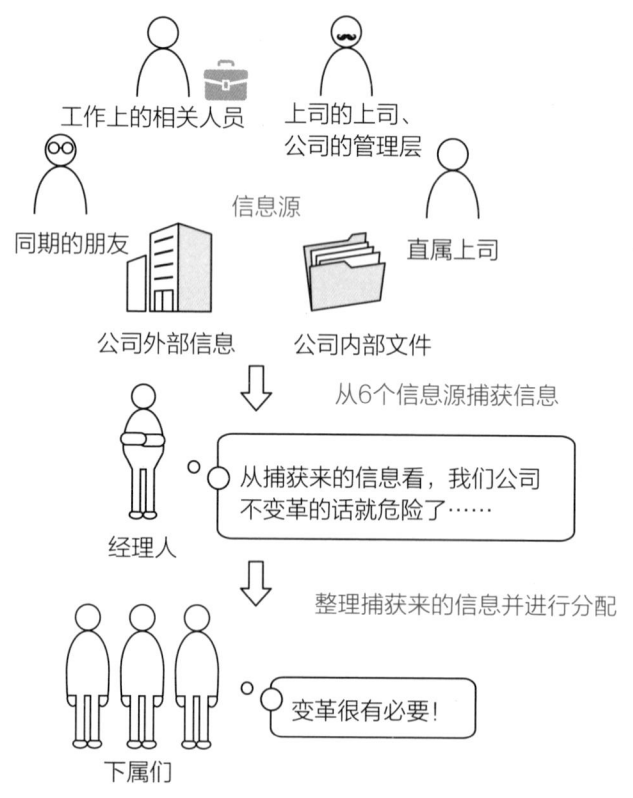

图7-2 经理人从捕获和分配信息过程中产生疑问，洞察危机

些信息分配给下属。

- 下属的工作在什么样的情况下是必要的。
- 这个工作对于公司来说有怎样的价值。
- 如何评价它。

也就是说，这些信息必须解释。这个时候，**你自己会感到各种各样的矛盾和疑问，心里会想"好奇怪啊""总觉得奇怪"**。

你意识到僵化状态的情况还有一个，即在第3讲中提到的**捕获公司现状和课题的时候**。

"这个公司的现状是怎样的""自己负责的工作目标在更大的目标下处于怎样的位置"，仅仅自己手头的这些信息是不够的。于是，你就会从公司管理层或公司外部捕获信息。

如果你知道公司管理层的想法是怎样的，或者公司外部的人是怎样看待本公司的，你就能意识到公司的经营状态很难说是健康的，公司在某些地方是有问题的。

像这样，**如果你进行分配管理的话，就一定会意识到本公司的僵化状态和危机**。

> **要点** 经理人在捕获信息和分配信息过程中产生疑问是危机感知的第一步。

4 员工为什么害怕变革，抵抗变革

即使察觉到环境不适应，员工也不会轻易行动。

现在该做的工作就在眼前，即使是在推进这项工作的现在，公司的经营状况也并没有恶化。**工资也照常发，也不必慌张**。公司里有很多员工不当一回事，虽然感知到异变，但还是照常工作。

员工感知到异变和危机，却不采取任何行动的理由有两个。

一个理由非常简单，就像前文提到过的，公司里的大部分工作都已经设定了目标，并且是为实现目标而活动。**因为员工即使感到多少有些矛盾和疑问，也需要按照规定的业务来推进**。

另一个理由则很麻烦。我认为员工不行动是因为**原本人就讨厌变化**（见图7-3）。

员工在做一些不是现在做的新事情时，必须跨越某些障碍。

对于变化的心理障碍

· 因为有明确的目标设定和手段，所以即使产生矛盾和疑问，也会按照目前的流程进行。
· 员工原本就讨厌变化，对于采取与现在不同，偏离了当下的手段会感到心理上的障碍。

还不到该慌张的时候……

图7-3 对于变化，员工会感到有心理障碍

对于现在做的事情，员工已经习惯了，感到很安心，也能清晰地看到未来。

做新事情的话，员工会产生不清楚未来变成什么样的不安和恐惧。因此，员工对于公司环境的不适应，会认为与自己无关，不轻易改变，也不打算改变公司。

像这样，员工存在对变化的抵抗，即讨厌变化，把眼前的危机看作与自己无关的事情。而且这种抵抗会加速公司的僵化。

也就是说，大家要明白公司僵化状态的根源是公司的员工讨厌变化而做出抵抗。

那么，怎样做才能让员工接受变化呢？

知道员工讨厌变化的理由，可以利用这些理由来进行反驳，尽最大可能使员工进入不得不变化的状态。

也就是说，所谓变革就是引导员工挑战新事物的活动。

虽然这是理所当然的事情，但是在现场工作岗位的经理人几乎没有主导变革的权限和力量。公司的基层经理人并不具备清除整个公司中蔓延的温水煮青蛙现象的力量。拥有这种力量的是高层经理人，对公司的温水煮青蛙现象进行变革是他们的工作。

不进行变革的话就结束任期，因此辞职的管理层有很多。大公司的高层经理人经常明里暗里说："在自己的任期内，不希望做新的事情。"要说为什么的话，**是因为在他自己的任期内进行变革，如果这个变革失败了，他就会被追究责任**。他不愿意断然进行变革而引火烧身。

如果公司的管理层是这样不行动的人的话，你的公司会处于相当悲观的状况。说不定，公司就这样迎来了破产，或者公司被其他公司收购了，那时会有更大的环境变化。

要点　人原本就对变化存在心理障碍。

5 一旦面临变革，经理人该如何行动

假设管理层自己主导变革，某种变革活动开始了。这时你**有必要知道自己的职业经历是怎样的**。因为公司变革的时候，会对职员产生某种影响。

在变革活动中，新的工作出现，代替以往的工作。

如果你不能胜任新的工作的话，你就不再被公司需要了。所以，你个人也必须适应变化。

当变革活动在公司内展开时，经常会出现推进变革的人（即推进派）和反对变革的人（即反对派或守旧派）。

反对派提出似乎很合理的理由来反对，但**反对的根源是害怕自己不再被公司需要**。当公司要向某个新的方向变革时，推进派有必要笼络反对派，拉拢他们。大体上来说，最初公司职员对变化的反对和抵抗很大，公司中反对派的比例比较高。所以一开始变革什么进展都没有。推进派必须努力

增加变革的赞同者。

在这里，对各位经理人来说最重要的是为了在变革中不会变成无用的人才，**要不断锻炼自己的能力，了解公司内外的变化，对新事物做好充分的准备**。如果能做到这一点，即使你现在的业务被取消，你也有能力在别的业务上做出成绩，这样你才能在职场生存下去。为此你必须做的是，在每天的工作中，毫不懈怠地坚持实践分配管理学。你越捕获和分配信息，越能了解、掌握新事物。

> **要点** 经理人为了避免在变革中成为无用的人才，必须洞察变化，锻炼自己的能力。

6 解冻——变革的前提

公司的变革将以怎样的步骤进行呢？关于这个问题，有一个著名的理论想介绍给大家。

变革步骤的推进方式是解冻→变革→再冻结。这是美国心理学家库尔特·勒温（Kurt Lewin）提出的理论。

公司不会一开始就突然引入变革（如新的经营方式、新的工作方式）。

即使公司某位上层人士突然说，"这件事用新的方式做吧""这是合理的，其他公司也在做，肯定效果会提升""世界在朝着这个方向变动"等，但大家对于变化会有抵抗，所以周围的人不能马上接受也不能理解。

所以我们首先要做的是努力让所有员工都能理解以下3个问题。

· 为什么公司需要变革？
· 公司通过变革走向怎样的新方向？

- 变革后公司、员工会成长为怎样的?

所谓解冻是让公司僵化状态变得柔软,让人理解变革的必要性并联想到新状态的灵活意识。因此,解冻是指员工的意识变革活动。

意识变革活动(即解冻)进行之后,变革本身才会被引入组织。

如果公司的解冻做得足够充分的话,公司的员工应该已经处于接受变革的状态。

通过实际开展被引入的变革,使其做法固定下来。这被称为再冻结。

以上内容是我对解冻→变革→再冻结理论的解释,经理人如果了解它了,在自己的公司进行经营变革的时候就能够理解变革流程以及变革正在朝哪个方向发展。

另外,如果你成为主导变革的一员,比如变革小组的成员,这个理论就会帮助你更好地在那里工作。

儿岛说:"如果公司按照勒温的理论进行变革的话,我觉得是很理想的。但是,现实是很多公司都是处于温水煮青蛙的状态而没有意识到,到了最后时刻不得不进行变革。没有足够的时间来解冻,这时候其实已经晚了。"

"现实中像你说的那样的公司很多。但是理想的情况还是公司应该在感觉到变革的必要性的时候,花费充足的引导时间来解冻。当危机越来越严重的时候，员工也会想这样下去公司可能会倒闭，抵抗变革的力量就会减小。所以，**把危机作为工具突破变革的障碍，有时也是一种办法。**

"但是，在经营变得严峻之后再开始变革就太晚了。因为公司在经营方面没有了从容应对的能力，所以对策也有限，很多员工会因为裁员而被牺牲。

把危机当作变革的推动力的方法是有道理的，但绝不是优先使用的方法。

在这里，有必要解释一下关于作为员工意识变革活动的解冻的要点。

只是解释说明的话，只能传达一点点的东西。即使说了很多话，内心深处也无法接受。所以解冻也要不厌其烦地反复进行。仅仅通过语言的解说就能顺利解冻，这是不可能的。

所以，不仅是语言，还要让员工看到公司正在做的事情，让他们实际去做，然后称赞他们。也就是说，员工必须行动起来。

要想让人改变意识，让其行动也是必要的，并且必须对其行动进行评价。这样的重复会改变人的意识，使其解冻。

> **要点** 公司的变革要经过解冻、变革、再冻结3个步骤。

7 通过分配管理学来创新

就像刚才提到的,你自己可能不会成为变革的主导者,但可能会成为主导变革的一员。例如,被选为变革小组的成员。

变革小组解冻公司的僵化状态,实施具体的变革,并在公司内推广、再冻结。

为此,进行变革的人们进行的活动是使工作方式革新,**创造新事物的创新活动**。

创新是一个很大的主题,我认为可以从以下3级进行简单的说明。

- 第1级:从现有事物中创造现有事物。
- 第2级:从现有事物中创造没有的事物。
- 第3级:从没有的事物中创造没有的事物。

第1级是在现有事物的基础上,稍加更改,创造出与目前已有事物相似的新事物。仔细思考的话，第1级不符合本质上的创新，因为这是对现状进行微调的方法。

第2级是对目前已有的事物进行很大的变更，创造出至今为止没有的新事物。第2级的创新需要员工的巨大努力。

第3级是产生出至今为止没有的新想法，根据它创造出至今为止没有的新事物。第3级的创新需要员工超乎想象的巨大努力。本质上的创新是指第3级的创新。

那么，如果你加入变革小组进行创新活动的话，应该追求什么级别的创新呢？

这取决于用于创新的预算、时间、人员等资源有多少。

因为创新是有资源才可以进行的，所以要根据准备的资源的规模来决定创新的级别。第3级的创新是最需要资源的。

你考虑创新资源时，还有一件重要的事情需要注意。那就是管理高层（如董事长或其他经营负责人等）对变革的支持程度。没有管理高层支持的变革，和基础工程不充分的建筑一样，是不能顺利进行的。所以，当致力于创新的时候，你必须知道来自管理高层的支持到底有多少。如果你在不知道管理高层支持程度的情况下去创新，你的处境就会很危险（见图7-4）。

创新需要新想法、新信息、新事物。而且，这些要素需

人员

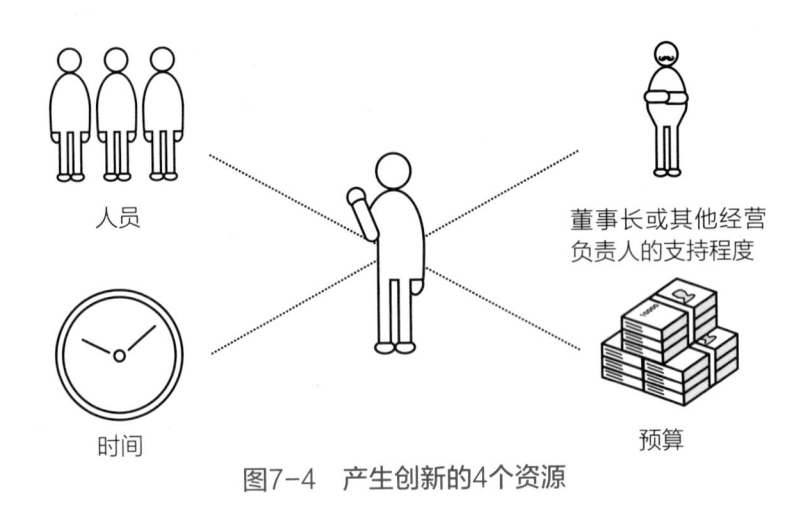

董事长或其他经营负责人的支持程度

时间

预算

图7-4　产生创新的4个资源

要互相融合。

在创新过程中,要捕获和分配这些要素。因为变革小组内部很多情况下是没有这些要素的,这些要素大部分都在变革小组的外部,所以向外捕获吧。然后,把捕获到的要素分配给变革小组的成员。

新的资源被分配,经过团队共享、融合,有时会有新生事物诞生。另外,还能注意到以前团队内部有却没有注意到的新东西。

这种新生事物的创造性活动被称为创新。由捕获和分配构成的管理活动,可以引导创新。

以上就是变革和创新的要点。

最后我想向大家传达一点我认为该注意的地方。那就是**在现在想做的事情结束之前，不要去做别的事情**。这是因为在人想到要做什么新的事情时，人的大脑中关于之前想做的事情的记忆就会消失。所以，如果你一开始就下定决心去做某件事情，就趁自己还记得的时候做！

> **要点** 创新需要新想法、新信息、新事物，经理人捕获和分配这些要素很重要。

结　语

首先，我向本书的读者们和来到教室的庆应义塾大学商学院的学生们表示深深的感谢。

这个特别讲义是我以出版为目的录音后编写而成的。讲义内容是为此准备的原创内容。

本书面向的读者是30～35岁的年轻经理人。而且，实际聚集在课堂上听课的庆应义塾大学商学院的学生们，与读者们的年龄是相同的。

为了我授课的时候能给予学生们在工作现场取得成果所需要的、真正能使用的管理知识，我为每次的讲义都做了充分的准备。

我的授课形式有两种：一种是非常普通的讲课形式；另一种是教师和学生一起讨论的双向型案例研究的形式。我大多是以后者的形式授课的，但这个特别讲义是以前者的形式来录音编写的。

不过，我认为单向型授课很难在学生的心里留下深刻印象，所以为了让这个特别讲义尽可能成为双向型的形式，我在其中设置了很多答疑的内容。在录音过程中，学生们向我提出了在工作岗位曾经遇到过的各种各样的问题，我在前文中已经进行解答。

在准备特别讲义的时候，我心里有个期待，就是将自己最新研究成果的基础理论融入特别讲义中。

我将自己的基础理论称为生命型组织理论。组织本来就有机械的部分（即要素还原型）和有机的部分（即生命型），关于后者，我试图进行理论化。

人带着主体性在组织中活动的时候一定会进行3项活动：①停留在某个地方活动；②使组织内部资源从一个地方向另一个地方移动的活动；③主动地做出判断的活动。不论层级的高低或部门岗位的不同，不管是什么样的人，都在进行①~③中的某项活动。

我之所以将这种活动模式命名为生命型组织理论，是因为①~③的活动很好地体现了包括人在内的生命活动的特性。

本书的主题分配管理学这个词是我为了用一个词来表达①~③的活动而创造的。

在组织中处于领导地位的经理人，在和下属或上司一起工作时，不得不进行①~③的活动。而能否做好它是决定经理人优秀与否的关键。为此经理人可采取的方法就是实践分配管理学。

从为出版本书而写的讲义到录音，获得了以下各位的诸多帮助。讲义资料和教室的准备都要归功于庆应义塾大学商学院34期研究班的6名同学（釜口祥子、下村友里、高桥美寿、田口裕大、村田一太郎、广田高敏）的努力。在此向他们表示谢意。为了让本书成型，更少不了神吉出版社编辑部的滨村真哉先生的工作和将讲义改编为更容易阅读文章的大岛七七三先生的工作。在此衷心向二位表示感谢。最后向本书的各位读者表示真心的感谢。

2013年7月

高木晴夫

重版感言

距本书第一版写完已经过了7年，多亏了众多读者的厚爱，本书才得以装扮一新，重新出版。

作为作者，趁这次机会我重新仔细地读了一遍本书，没有发现需要修改的地方。我认为本书有超越时代的阅读价值。

7年间，公司和人们的工作方式发生了很大的变化，比如工作方式变革和多样化。我认为发生了这些变化后，分配管理学更重要了。本书具有超越时代的阅读价值就是因为这个理由。

由于职场的工作方式变革和对多样性的尊重，大家都能够发挥自己的特性、做适合自己的工作了。

但是只做自己的工作而对别人的工作视而不见的情况更多了。工作方式变成了猫耳洞（炮击时为保护身体的单人战壕）。这个问题从很久以前就有了，如今越来越严重。

我在工商管理硕士的教室里和已经踏入社会工作的研究生一起上课时听到了这样的话："人和人在只有最低限度的联系上感到苦闷。"大家一边觉得其实应该更紧密地联系在一起工作，一边对不迈出第一步的自己充满罪恶感。

听到这样的嘟囔，我才在教室里解释道"正因为如此，请实践分配管理学"。

分配管理学的工作动机是从哪里来的呢？正如在结语中提到的那样，分配管理学具有生命的特征。

我为了深入研究这个问题，读了脑科学的书和论文，得出了新的结论，人与人产生联系的行为取决于人进化过程中植入大脑的功能。也就是说，人想要和别人有联系。当然有协同的情况，也有反目的情况，但是，人还是想和别人有联系。这个功能也被称为社会脑。分配管理学的工作动机来自人脑的社会性需求。所以如果你不这么做，你会感到不舒服。即使工作方式变革增加了工作的个性，互相联系很重要这点也没有变。

而且，想让身处猫耳洞的自己踏出这一步，尤其是要捕获。捕获可以拓宽自己的视野。视野开阔的话，你可以看到与人相联系的工作。看到这些工作后便会懂得其中的价值和乐趣。然后，分配这些价值和乐趣，良性循环就产生了。

如果大家能从本书中得到让社会脑发挥作用，迈出这一循环的第一步的勇气的话，我会感到很高兴。

2020年1月
高木晴夫